海上絲綢之路基本文獻叢書

佛游天竺記考釋

岑仲勉 著

文物出版社

圖書在版編目（CIP）數據

佛游天竺記考釋 / 岑仲勉著． -- 北京 ： 文物出版社， 2022.7
（海上絲綢之路基本文獻叢書）
ISBN 978-7-5010-7633-8

Ⅰ．①佛… Ⅱ．①岑… Ⅲ．①《佛國記》—考證 Ⅳ．① B948

中國版本圖書館 CIP 數據核字（2022）第 086648 號

海上絲綢之路基本文獻叢書

佛游天竺記考釋

著　　者：岑仲勉
策　　劃：盛世博閱（北京）文化有限責任公司

封面設計：鞏榮彪
責任編輯：劉永海
責任印製：張　麗

出版發行：文物出版社
社　　址：北京市東城區東直門内北小街 2 號樓
郵　　編：100007
網　　址：http://www.wenwu.com
經　　銷：新華書店
印　　刷：北京旺都印務有限公司
開　　本：787mm×1092mm　1/16
印　　張：11.25
版　　次：2022 年 7 月第 1 版
印　　次：2022 年 7 月第 1 次印刷
書　　號：ISBN 978-7-5010-7633-8
定　　價：90.00 圓

總緒

海上絲綢之路，一般意義上是指從秦漢至鴉片戰争前中國與世界進行政治、經濟、文化交流的海上通道，主要分爲經由黄海、東海的海路最終抵達日本列島及朝鮮半島的東海航綫和以徐聞、合浦、廣州、泉州爲起點通往東南亞及印度洋地區的南海航綫。

在中國古代文獻中，最早、最詳細記載『海上絲綢之路』航綫的是東漢班固的《漢書·地理志》，詳細記載了西漢黄門譯長率領應募者入海『齎黄金雜繒而往』之事，書中所出現的地理記載與東南亞地區相關，并與實際的地理狀况基本相符。

東漢後，中國進入魏晉南北朝長達三百多年的分裂割據時期，絲路上的交往也走向低谷。這一時期的絲路交往，以法顯的西行最爲著名。法顯作爲從陸路西行到印度，再由海路回國的第一人，根據親身經歷所寫的《佛國記》（又稱《法顯傳》）一書，詳細介紹了古代中亞和印度、巴基斯坦、斯里蘭卡等地的歷史及風土人情，是瞭解和研究海陸絲綢之路的珍貴歷史資料。

隨着隋唐的統一，中國經濟重心的南移，中國與西方交通以海路爲主，海上絲綢之路進入大發展時期。廣州成爲唐朝最大的海外貿易中心，朝廷設立市舶司，專門管理海外貿易。唐代著名的地理學家賈耽（七三〇～八〇五年）的《皇華四達記》記載了從廣州通往阿拉伯地區的海上交通『廣州通夷道』，詳述了從廣州港出發，經越南、馬來半島、蘇門答臘半島至印度、錫蘭，直至波斯灣沿岸各國的航綫及沿途地區的方位、名稱、島礁、山川、民俗等。譯經大師義净西行求法，將沿途見聞寫成著作《大唐西域求法高僧傳》，詳細記載了海上絲綢之路的發展變化，是我們瞭解絲綢之路不可多得的第一手資料。

宋代的造船技術和航海技術顯著提高，指南針廣泛應用於航海，中國商船的遠航能力大大提升。北宋徐兢的《宣和奉使高麗圖經》詳細記述了船舶製造、海洋地理和往來航綫，是研究宋代海外交通史、中朝友好關係史、中朝經濟文化交流史的重要文獻。南宋趙汝適《諸蕃志》記載，南海有五十三個國家和地區與南宋通商貿易，形成了通往日本、高麗、東南亞、印度、波斯、阿拉伯等地的『海上絲綢之路』。宋代爲了加强商貿往來，於北宋神宗元豐三年（一〇八〇年）頒佈了中國歷史上第一部海洋貿易管理條例《廣州市舶條法》，并稱爲宋代貿易管理的制度範本。

元朝在經濟上採用重商主義政策，鼓勵海外貿易，中國與歐洲的聯繫與交往非常頻繁，其中馬可·波羅、伊本·白圖泰等歐洲旅行家來到中國，留下了大量的旅行記，記録元代海上絲綢之路的盛况。元代的汪大淵兩次出海，撰寫出《島夷志略》一書，記録了二百多個國名和地名，其中不少首次見於中國著録，涉及的地理範圍東至菲律賓群島，西至非洲。這些都反映了元朝時中西經濟文化交流的豐富内容。

明、清政府先後多次實施海禁政策，海上絲綢之路的貿易逐漸衰落。但是從明永樂三年至明宣德八年的二十八年裏，鄭和率船隊七下西洋，先後到達的國家多達三十多個，在進行經貿交流的同時，也極大地促進了中外文化的交流，這些都詳見於《西洋蕃國志》《星槎勝覽》《瀛涯勝覽》等典籍中。

關於海上絲綢之路的文獻記述，除上述官員、學者、求法或傳教高僧以及旅行者的著作外，自《漢書》之後，歷代正史大都列有《地理志》《四夷傳》《西域傳》《外國傳》《蠻夷傳》《屬國傳》等篇章，加上唐宋以來衆多的典制類文獻、地方史志文獻，集中反映了歷代王朝對於周邊部族、政權以及西方世界的認識，都是關於海上絲綢之路的原始史料性文獻。

海上絲綢之路概念的形成，經歷了一個演變的過程。十九世紀七十年代德國地理學家費迪南・馮・李希霍芬（Ferdinad Von Richthofen，一八三三～一九〇五），在其《中國：親身旅行和研究成果》第三卷中首次把輸出中國絲綢的東西陸路稱爲『絲綢之路』。有『歐洲漢學泰斗』之稱的法國漢學家沙畹（Édouard Chavannes，一八六五～一九一八），在其一九〇三年著作的《西突厥史料》中提出『絲路有海陸兩道』，蘊涵了海上絲綢之路最初提法。迄今發現最早正式提出『海上絲綢之路』一詞的是日本考古學家三杉隆敏，他在一九六七年出版《中國瓷器之旅：探索海上的絲綢之路》中首次使用『海上絲綢之路』一詞；一九七九年三杉隆敏又出版了《海上絲綢之路》一書，其立意和出發點局限在東西方之間的陶瓷貿易與交流史。

二十世紀八十年代以來，在海外交通史研究中，『海上絲綢之路』一詞逐漸成爲中外學術界廣泛接受的概念。根據姚楠等人研究，饒宗頤先生是華人中最早提出『海上絲綢之路』的人，他的《海道之絲路與昆侖舶》正式提出『海上絲路』的稱謂。選堂先生評價海上絲綢之路是外交、貿易和文化交流作用的通道。此後，大陸學者馮蔚然在一九七八年編寫的《航運史話》中，使用『海上絲綢之路』一詞，這是迄今學界查到的中國大陸最早使用『海上絲綢之路』的人，更多地限於航海活動領域的考察。一九八〇年北京大學陳炎教授提出『海上絲綢之路』研究，并於一九八一年發表《略論海上絲綢之路》一文。他對海上絲綢之路的理解超越以往，且帶有濃厚的愛國主義思想。陳炎教授之後，從事研究海上絲綢之路的學者越來越多，尤其沿海港口城市向聯合國申請海上絲綢之路非物質文化遺産活動，將海上絲綢之路研究推向新高潮。另外，國家把建設『絲綢之路經濟帶』和『二十一世紀海上絲綢之路』作爲對外發展方針，將這一學術課題提升爲國家願景的高度，使海上絲綢之路形成超越學術進入政經層面的熱潮。

與海上絲綢之路學的萬千氣象相對應，海上絲綢之路文獻的整理工作仍顯滯後，遠遠跟不上突飛猛進的研究進展。二〇一八年厦門大學、中山大學等單位聯合發起『海上絲綢之路文獻集成』專案，尚在醞釀當中。我們不揣淺陋，深入調查，廣泛搜集，將有關海上絲綢之路的原始史料文獻和研究文獻，分爲風俗物産、雜史筆記、海防海事、典章檔案等六個類别，彙編成《海上絲綢之路歷史文化叢書》，於二〇二〇年影印出版。此輯面市以來，深受各大圖書館及相關研究者好評。爲讓更多的讀者親近古籍文獻，我們遴選出前編中的菁華，彙編成《海上絲綢之路基本文獻叢書》，以單行本影印出版，以饗讀者，以期爲讀者展現出一幅幅中外經濟文化交流的精美畫卷，爲海上絲綢之路的研究提供歷史借鑒，爲『二十一世紀海上絲綢之路』倡議構想的實踐做好歷史的詮釋和注脚，從而達到『以史爲鑒』『古爲今用』的目的。

凡例

一、本編注重史料的珍稀性，從《海上絲綢之路歷史文化叢書》中遴選出菁華，擬出版百册單行本。

二、本編所選之文獻，其編纂的年代下限至一九四九年。

三、本編排序無嚴格定式，所選之文獻篇幅以二百餘頁爲宜，以便讀者閱讀使用。

四、本編所選文獻，每種前皆注明版本、著者。

五、本編文獻皆爲影印，原始文本掃描之後經過修復處理，仍存原式，少數文獻由於原始底本欠佳，略有模糊之處，不影響閲讀使用。

六、本編原始底本非一時一地之出版物，原書裝幀、開本多有不同，本書彙編之後，統一爲十六開右翻本。

目録

佛游天竺記考釋

佛游天竺記考釋

岑仲勉 著

民國二十三年商務印書館鉛印本

國學基本叢書

佛遊天竺記考釋

岑仲勉著

商務印書館發行

国学基本丛书

佛游天竺记考释

岑仲勉著

商务印书馆发行

中華民國二十三年十月初版 華

（92312）

國學基本叢書 佛遊天竺記考釋一冊

每冊定價大洋叁角伍分

外埠酌加運費匯費

著作者 岑仲勉

發行人 王雲五 上海河南路

印刷所 商務印書館 上海河南路

發行所 商務印書館 上海及各埠

六四六八上

涉絕幕，渡重洋，在外十五年，學成而歸，就所經行，別出記傳，克保於今者，邦賢中首推法顯。此記傳，僧祐出三藏記集著錄爲佛遊天竺記一卷，今人率曰佛國記，則唐以後之別稱也。清嘉慶末（一八一六），德人克氏（H. J. Klaproth）獲見其本，爲法儒黎氏（Abel Remusat）草譯，兼後半部，黎氏法譯，遂以道光中葉（一八三六）在巴黎行世，自時始傳於歐洲，厥後若英儒毗氏（Samuel Beal——一八六九）基氏（Herbert A. Giles——一八七七）勒氏（James Legge——一八八六），繼有迻譯，而節段討論者不在此數，其書益大著矣。迴顧我國，則同治九年（一八七〇）番禺李比部光廷著漢西域圖考，首節錄記文，疏其概要；民國之初，仁和丁氏撰佛國記考證，最近馮氏譯中國之旅行家，支那內學院又刻歷遊天竺記傳，附註三十九條，均知取材異邦，發揚古籍，然或未附外名，或過從簡略，故讀其書者，猶有冥索班窺之感。拙不敏，頃年曾就顯師原記暨邦文書說有關者，輯爲西行年譜及訂補各一篇，綴以管見，然今地之考證，仍鮮備也。去歲獲毗氏翻本，亟取可採者錄之，再於顯師歷程，通盤剖析，無意中乃發覺向來中外考據家一大錯誤，此由惑於清代官修西域圖志之權威，故莫之正也。原夫圖志之作，在準回兩疆底定而後，修書諸臣，贊揚盛業，載稽往地，比附時稱，篳路藍縷，功良不易。無如計里未周，指方或昧，不克按圖索驥，遂易閉門造車，實環境所使然，非前人之特拙。獨怪乎年閱百七，中外棣通，而東西諸大家，尚有以喀什噶爾當竭叉者。夫喀什噶爾之視和闐，與其視北印，直距殆相等，後段之程，陟高山，越重嶺，崎嶇曲折，需時特久，理之常也，假謂前段需時兩、倍後段有奇，其不軌於理明矣。用是搜索典文，解斯癥結，删綴舊作，貫其始終，雖有印度數地，今人尚未能確切指出，而顯師辛苦跋涉之遊蹤，已大概可覩矣。吾儕求學，其易十倍顯師，所造就或不及什之一，其真艱難磨折而後成功者大乎。多年來鈔錄轉籍，內人陳淑嫻所助不少，書成，因並識之。

民國二十三年一月順德岑仲勉自序。

佛遊天竺記攷釋

晉孝武帝太元十八年，癸巳（三九三）十月，姚萇卒，子興嗣位。十九年甲午（後秦姚興皇初元——三九四）姚興僭即帝位於槐里，改元曰皇初。

據晉書一一六後秦姚氏一系可演作世譜如次：

晉武帝泰康元年，庚子（二八〇）姚弋仲生。

成帝咸和五年，庚寅（三三〇）姚萇生。

咸和六年辛卯（三三一）姚襄生。

穆帝永和八年，壬子（三五二）弋仲卒，年七十三。

升平元年，丁巳（三五七）襄卒，年二十七。

帝奕太和元年，丙寅（三六六），姚興生。

孝武帝太元十三年，戊子（三八八），姚泓生。

太元十八年，癸巳（三九三），萇卒年六十四。

安帝義熙十三年，丙辰（四一六），興卒年五十一。

義熙十三年，丁巳（四一七）泓爲劉裕所誅，年三十，後秦亡。

書言襄爲弋仲第五子，萇爲弋仲第二十四子，而萇年顧長襄一歲，又書言弋仲有子四十二人，若謂均是親生，則弋仲五十後尚生子三十餘人矣，羯羌之俗好畜養子，石、姚二族可據也。佛祖歷代通載甲午下云「後秦姚興改皇初」，餘如釋氏稽古略紀元編朔閏考等均同，惟北堂書鈔一五八初學記六引王景暉南燕書云「姚秦皇初三年歲在丁酉渭濱得赤璽」，是以乙未爲皇初元年，計後差一年。

二十年，乙未（皇初二——三九五。）

二十一年，丙申（皇初三，後涼呂光龍飛元——三九六。）

晉安帝隆安元年，丁酉（皇初四，龍飛二，北涼段業神璽元——三九七，）沮渠蒙遜與從兄男成推建康太守段業爲涼州牧建安公，改元爲神璽元年。

見晉書載記。

二年，戊戌（皇初五，龍飛三，神璽二——三九八，）呂弘棄張掖東走，段業徙治張掖。

見洪亮吉十六國疆域志。

燉煌索僊等推李暠爲燉煌太守。

見崔鴻十六國春秋。

後涼北涼紀事因顯師經行關係，故特書之，後不復書。

姚興改元弘始，晉書載記不言當晉帝何年，如照今記文「弘始二年歲在己亥，」則本年應爲弘始元年。考晉書帝紀隆安二年十二月下稱：「京兆人韋禮帥襄陽流人叛降於姚興，」載記則稱：「京兆韋華譙郡夏侯軌始平龐眺等率襄陽流人一萬叛晉奔于興，」（韋華當卽帝紀之韋禮，二名未詳孰是。）且繫此事于改元弘始之後，似姚興改元之命，確于本年發布。檢高僧傳鳩摩羅什傳「興弘始三年……至五月，興遣隴西公碩德西伐呂隆，隆軍大破至九月，隆上表歸降，」晉書帝紀書此事於隆安五年；又同傳『以僞弘始十一年八月二十日卒於長安是歲晉義熙五年也；』又智猛傳『遂以僞秦弘始六年甲辰之歲，招集同志沙門十有五人發跡長安；』依此逆推，則弘始元年當隆安三年己亥，二年當隆安四年庚戌，（李兆洛紀元編『弘始一作洪始，己亥，十七。』亦以己亥爲弘始元年。）若謂是南朝記錄，則弘始紀元，莫信於秦僧所說，茲撮錄如次：

「以秦弘始三年歲次星紀。」（僧叡大智釋論序）

「以弘始三年歲次星紀。」（同人大品經序）

「以秦弘始三年歲在辛丑。」（闕名大智論記）

「以弘始五年歲在癸卯。」（僧叡大品經序）

「以弘始六年歲次壽星。」（僧肇百論序）

「是歲弘始八年，歲次鶉火。」（僧叡法華經後序）

「以弘始八年歲次鶉火。」（僧肇維摩詰經序）

「是歲弘始九年，歲次鶉首。」（僧叡自在王經後序）

「以弘始十二年歲在上章掩茂。」（僧肇長阿含經序）

「大秦弘始十三年，歲次豕韋。」（闕名成實論記）

「十五年歲在昭陽奮若。」（僧肇長阿含經序）

故如謂二年爲不誤，則己亥誤，己亥不誤則二年誤，似二者必居一於此矣。但我國改元之法，向有兩種：一改元後卽於是年稱元年者。二改元後逾年始稱元年者。姚興改元弘始，確於本年發布，由上文帝紀載記之比較而知之，而顯師出行又在春間（至乾歸國始夏坐），因依第二種法稱爲二年，亦非必無之事。迨去國以後十載又半，積年悲鄉音之絕交接悉異域之人，逮返中邦，未履秦地，年號稱謂，宜若昧然，此記文所特著己亥爲去國之歲也。如此說法，則所謂弘始二年歲在己亥者，非特不爲舛誤，且合乎事理矣。復按唐智昇開元釋敎錄云：「準大智度論（鳩摩羅什譯）後記云，弘始三年，歲在辛丑，王道珪云，庚子，一本亦云歲在辛丑，房及甄鸞更差一載，今依後記爲正』，可見姚秦紀年六朝書說固不一，王道珪之言，卽與本記相同，本記稱二年已亥，决非後人傳鈔之誤也。

三年，己亥（弘始元——三九九，）春，法顯與同學慧景，道整，慧應，慧嵬等發自長安。顯俗姓龔氏，平陽武陽人。有三兄並齠齓而亡，其父恐禍以次及，三歲便度爲沙彌。居家數年，病篤欲死，因送還寺，住信宿便差，不肯復歸。十歲遭父憂，叔父逼使還俗，持不可。頃之母喪，至性過人，葬事畢，仍卽還寺。及受大戒，志行明敏，儀軌整肅。慨律藏殘闕，誓志尋求，遂以是歲偕同契慧景等四人出發。

本年應爲弘始元年，說見上文。按高僧傳法顯傳顯以晉隆安三年發自長安；慧嵬傳嵬以隆安三年，與法顯俱遊西域，顯師確於本年出行，當無異議。明胡震亨佛國記跋云：「如云宏始二年，是姚興紀年，乃晉安帝隆安四年也」（據學津討原本）蓋胡氏未知顯師稱本年爲弘始二年，故誤爲隆安四年也。四庫全書提要云：「書中稱弘始二年歲在己亥，按晉書姚萇宏始二年，爲晉隆安四年，當稱庚子，所紀較前差一年。」按今記文以弘始二年爲己亥，已與史傳差一年，若作三年，更差二年矣，此提要之誤一；弘始是姚興年號，非姚萇年號，誤二；既云三年，又云二年，誤三；其不能理會記文與胡跋同。同書又云「法顯晉義熙中自長安游天竺」，義熙中三字亦失檢。李光廷漢西域圖考以弘始二年為隆安二年，則似沿提要「宏始三年歲在己亥」之誤文而再誤。丁謙佛國記攷證云「其二年即東晉安帝隆安三年也」，蓋記云亦云未嘗取正史紀年一為比照也。英儒 Beal 氏（Si-Yu-Ki, p. XXIII n. 2, 1884.）云「弘始元年己亥，此處誤差一年，應作庚子，即西元四〇〇——四〇一」，對於出國之年，誤後一年。Legge 氏（一八八六年佛國記英譯本）以游歷時期為三九九——四一四，則出國之年合，而歸國之年後差一年。又 Beazley 氏（Dawn of Mod. Geog., 1906.）以游歷時期為四〇〇——四一四，則與佛國記前後十五年之文合，惟全期誤後一年。近人張星烺云：『佛國記原作義熙十二年，必誤刊也。義熙十二年乃丙辰歲，自隆安三年（西三九九）至義熙十年甲寅歲（西四一四）南抵建業，正合十六年。』張氏之說，先得我心矣。

度隴至乾歸國，始夏坐，可見出發之日為本年春間。

顯師生年，書無可考，唯高僧傳云：「後至荆州，卒於辛寺，春秋八十有六。」以同輩可考者徵之，如寶雲卒於元嘉二十六年，春秋七十有六，智嚴之卒最早亦在元嘉中葉，春秋七十有八，由此推測，顯師出行之日，應是壯歲，設酌中假定行年三十，則師生之年，當在晉孝武以前，而卒之年，當在宋孝武初葉或元嘉之末。近人馮承鈞歷代求法翻經錄云：「後至荆州，卒於辛寺（應在四二三年七月前）」若依此上推顯師生平，最後不得過成帝咸康四年戊戌，計至出行之年已六十以上，回國之年行將八十，如此風燭，而猶經歷多險，殊不可信。按高僧傳云：「佛馱什……以宋景平元年七月，屆於揚州，先沙門法顯於師子國得彌沙塞律梵本，未及翻譯而法顯遷化」景平元年即四二三年，馮氏之說本此，但細審記文及原跋，均無露及耆年之語，非高僧傳享齡之不實，即遷化一語之有誤，二者殆居一於此矣。

高僧傳三云「釋法顯，姓龔，平陽武陽人。」按晉書一四司州平陽郡統縣十二，祇有平陽及楊縣，無武陽縣，十六國疆域志卷一前趙平陽郡下，卷四前秦平陽郡下，及卷五後秦平陽郡下，皆同，歷代地理志韻編今釋武陽下，亦無地屬平陽郡者，豈武陽乃平陽或楊之訛，抑前趙兩秦之際，別有武陽而東關弗數耶?如爲平陽卽今山西臨汾縣,如爲楊卽今山西洪洞縣。

南海寄歸內法傳三云「次於本師前阿遮利耶授十學處或時闇誦或可讀文既受戒已名室羅末尼羅。(譯爲求寂言欲求趣涅槃圓寂之處舊云沙彌者言略而音訛翻作息慈意准而無據也。)」烈維(Lévi)氏乙種吐火羅語卽龜茲國語考云:「如沙門梵文爲 Śramana 龜茲語爲 Samane,中國之譯音與前者遠後者近也;又如沙彌梵文作 Śramanêra 龜茲語爲 Samir。」

度隴至乾歸國夏坐。

漢書注應劭曰「隴、隴坻阪也,」師古曰,「卽今之隴山,」在今陝西隴縣西北跨甘肅清水等縣。胡跋云:「曰乾歸國是乞伏乾歸所都宛川也」按宛川崔鴻十六國春秋作苑川晉書作菀川洪亮吉十六國疆域志云「苑川郡……卽今蘭州理是也。」據崔鴻書則東晉之初乞伏述延已自牽屯徙居苑川矣。

安居本記亦曰夏坐,其義詳見法雲翻譯名義集卷十一。辯機大唐西域記云:「故印度僧徒依佛聖敎,坐雨安居,或前三月,或後三月;前三月當此從五月十六日至八月十五日,後三月當此從六月十六日至九月十五日。前代譯經律者或云坐夏，或云坐臘，斯皆邊裔殊俗，不達中國正音，或方言未融而傳譯有謬。」蓋安居者每歲一行之，顯師未到天竺前，凡安居皆特書，吾人因此可略窺其經行歲月也。

夏坐訖，前行至耨檀國。

胡跋云：「第云耨檀國，則禿髮利鹿孤始於是年僭號，後二年利鹿孤死，耨檀乃嗣位，不應便稱耨檀，豈後來追憶之誤耶？」按晉書十稱隆安三年己亥八月，利鹿孤嗣僞位，與載記同，惟佛祖歷代通載誤繫利鹿孤嗣位於四年庚子，胡跋所謂是年，蓋同於通載之說。追憶云云，亦似近理，惟載記又稱「及利鹿孤卽位，垂拱而已，軍國大事，皆以委之，」或者當日涼人祗知有耨檀，不復知有利鹿孤，顯師從俗記載，未可料也。丁謙考證謂耨檀時降秦爲涼州刺史，亦是信口亂道。

度養樓山至張掖鎭，張掖大亂，張掖王慇懃留住。

丁謙考證云：「養樓山在永昌縣西北，與山丹縣接界處，今曰大黃山，卽唐地志天寶縣之焉支山也，」按讀史方輿紀要六十三，焉支山在山丹衛東南百二十里，舊志云，在番禾縣界，（新唐書四十天寶本番禾。）又同卷靑松山在永昌衞南八十里，一名大黃山云云大黃、焉支、原是二山，亦無養樓之稱丁氏考證往往出以肊測若是者不可勝數。

胡跋云：「曰張掖王，是涼王段業也」按晉書隆安三年二月段業自稱涼王，又十六國疆域志云：「呂弘鎭張掖，龍飛三年弘棄張掖東走段業徙治張掖，」據晉書載記後涼呂光龍飛元年卽晉孝武帝太元二十一年，三年則隆安二年也。張掖鎭今張掖縣。

西域之佛教（二四二頁）云「當時在王位者大概爲弑殺蒙遜之段業，但此所謂張掖王或係指蒙遜」按殺段業者蒙遜，據宋書九八事在隆安四年五月，此時稱王者仍是段業，大約譯人將賓主格誤倒故耳。

四年，庚子（弘始二——四〇〇），遇智嚴、慧簡、僧紹、寶雲、僧景等五人於張掖，遂共夏坐。夏坐訖，進至燉煌，共停一月餘日，時燉煌太守爲李浩。

燉煌今燉煌縣。

胡跋云：「曰燉煌太守李浩，卽涼武昭王李暠，」按暠於是年三月受段業燉煌之命，法顯於張掖夏坐後始到敦煌乃知浩卽暠無疑蓋以音同誤書之也，」謂李浩卽李暠誠然。惟十六國春秋稱神璽二年，敦煌索儒等推暠爲敦煌太守；又晉書載記稱沮渠蒙遜與從兄男成推建康太守段業爲涼州牧建康公，改呂光龍飛二年爲神璽元年；由上條所考證者推之，知神璽二年卽隆安二年，是暠未受業命前已自稱敦煌太守。又晉書涼武昭王傳言暠就敦煌太守後，尋進號冠軍，稱藩於業，業以爲安西將軍敦煌太守，其事繫在段業僭稱涼王之前；胡跋所云是年三月，如指隆安四年，固比記文後差一年，卽指隆安三年，亦與史實不合，因業稱涼王在三年二月也。胡跋又謂三月受業命，更不知何所據而云然。

劉昞敦煌實錄云，「晉安帝隆安元年，涼州牧李暠…………」（御覽一六五）按晉書十隆安元年丁酉三月，段業自號涼州牧，四年庚子十二月，河右諸郡奉李玄盛爲秦涼二州牧，年號庚子，又八十七呂光末（光死於隆安三年）京兆段業自稱涼州牧，焉有隆安元年暠爲涼州牧之事，劉氏所記，豈段業之誤耶？抑後來追稱之辭耶？佛祖歷代通載八繫李暠稱西涼於太元二十一年丙申之下，則比劉書更先差一年。

湯球輯蕭方等三十國春秋，於隆安四年下稱「十一月，北涼李暠自稱涼公燉煌太守李暠表於段業……」（御覽四〇八）此當指其表內署銜，並非謂暠至是始自稱燉煌太守也。但余檢鮑本御覽則祇稱李暠表於段業，無「十一月北涼李暠自稱涼公燉煌太守」十五字，湯氏此條，據何本輯出，尚待研考。

顯等原行五人，與智嚴等五人別，隨使先發，得李浩供給度沙河。

沙河者今噶順大沙漠及白龍堆。漢西域圖考云：『高僧傳法顯以隆安三年度流沙，』按今傳祇言三年發長安，李氏誤也。

丁謙考證云「沙河卽黨河，以河在沙磧中故名」按記言「沙河中多有惡鬼熱風，遇則皆死，無一全者。上無飛鳥，下無走獸，遍望極目，欲求度處，則莫知所擬，唯以死人枯骨爲標識耳」是沙河者今沙漠之謂，丁氏乃以爲河名，眞可謂捕風捉影，漫不經心者矣。

行十七日，計可千五百里，至鄯善國（Shen-shen）

鄯善、Beal 氏據俄人 Prejevalsky 氏地圖，故址在北緯三十八度，英東經八十七度，謂與馬哥孛羅之 Charchen（車爾成）相當 (Si-Yu-Ki, p. XII)。德儒 Mayers 氏則位之於闢展 (Pidgan) 附近 (Beal, op. cit. p. LXXXV, n. 6)。清光緒二十八年，遂於闢展置鄯善縣。

按漢書西域傳云，「樓蘭國最在東垂，近漢當白龍堆，」水經注二云，「河水又東逕注賓城南，又東逕樓蘭城南而東注……又東注於泑澤，卽經所謂蒲昌海也，水積鄯善之東北，龍城之西南，」由此觀之，鄯善故墟之測定，自應以龍堆河泊為目標。然風沙所刷，時見滄桑，泑澤之涯，未純故迹，故後來書說，愈近漢者愈較可信，鄯善今地，要以在羅布泊西者為近是也。

住鄯善國一月日，復西北行十五日，到偽彝國。

偽彝，水經注作烏帝，云「釋法顯自烏帝西南行，路中無人民，沙（一本作涉）行艱難，所經之苦，人理莫比，因道一月五日，得達于闐。」唐慧琳一切經音義以偽彝為焉夷，是卽漢之焉耆也。法儒烈維（Lévi）龜茲語考，謂偽彙決為今之庫車，昔之龜茲，因由焉耆不能直進西南行到今之和闐云云，按記既言沙行艱難，人理莫比，吾人生居千餘年後，又安知此等戈壁古時不可偶一度之，今不可行，固不能遽斷古不可行也。卽謂沙行為涉行之誤，然所稱路無居民，人理莫比，亦活畫出横度戈壁景象矣。況水經注又云，「北河自岐沙東分南河，即釋氏西域記所謂二支北流，經屈茨，烏夷，鄯善入牢蘭海者也。」屈茨即龜茲異譯此龜茲僞彝非同地之證一。高僧傳鳩摩羅什傳，符堅建元十八年（太元七年—三八二）遣呂光等西伐龜茲及烏耆諸國，烏耆晉書載記作焉耆，又即僞彝之音轉，此龜茲僞彝非同地之證二。辯機大唐西域記出高昌故地，自近者始曰阿耆尼國，原註舊曰烏耆又西行約千里至屈支國，原註舊曰龜茲，此龜茲僞彝非同地之證三。外此如竺法護譯蜜迹金剛力士經云：「釋種、安息、月支、大秦、劍浮、擾動、丘慈、於闐、沙勒、禪善、烏耆前後諸國。」

釋迦方志云：「又東六百七十里，經龜茲國南，又東三百五十里，經烏壘國南，……東北去烏耆國四百里。」又云：「又西七百餘里至阿耆尼國（即烏耆也）……又西南行二百餘里，踰一小山，越二大河川，行七百餘里，至屈（居勿反）支國（即丘慈也。）」

續高僧傳二達摩笈多傳云：「又至龜茲國，……密將一僧間行至烏耆國。」

唐圓照十地經等後記云：「次至……龜茲國王白環（亦名丘慈）正曰屈支城，……次至烏耆國王龍如林。」

慧琳一切經音義八二云：「阿耆尼國，信伊反，胡語也，或出焉祇。」均堪作證。

慧超往五天竺國傳箋釋云：「案焉耆……法顯傳作僞夷（Agni Agi）（華氏 Walters）。卽今之哈喇沙爾（Karachar）」又馮承鈞西域地名云：「佛國記之僞彝應是焉耆，Sylvain Lévi以爲卽是龜茲，誤也。」是也。若向達漢唐間西域及海南諸國古地理書叙錄云：「唯法顯智猛自龜茲折而南，」亦似混僞彝龜茲爲一國。

晉人亦或稱龜茲爲拘夷，例如比丘尼戒本所出本末序云：「賴僧純於拘夷國來得此戒本，」而道安比丘大戒序則云：「尋僧純在丘慈國佛陀舌彌許得比丘大戒來出之，」又關中近出尼二種（歲？）壇文……卷初記云：「僧純於龜茲佛陀舌彌許（得？）戒本，」拘夷似與僞彝相近，然此乃屈支音轉，猶之大唐西域記譯鷄爲屈屈吒，內法傳譯爲俱俱吒是也。

住僞彝國二月餘日，智嚴、慧簡、慧嵬返向高昌求行資。

高昌卽漢書車師前部中之高昌壁，今吐魯番縣。法儒伯希和（Pelliot）謂後來哈喇和綽 Qara Khodja 之和綽，卽突厥語高昌之對音，中國人不察，遂生重譯之訛云；按此點元歐陽玄早已發之，圭齋集云「高昌者今哈喇和綽也，和綽本漢言高昌，高之音近和，昌之音近綽，遂爲和綽也」伯氏以爲創獲，蓋由未讀歐陽集耳。智嚴等五人之到僞彝，記未言及，當是顯師等留住時隨後趕到。

高僧傳智嚴，西涼州人，弱冠出家。曾周流西國，進到罽賓，從佛馱比邱諮受禪法，漸染三年，功逾十載。時有佛馱跋陀比邱，亦是彼國禪匠，嚴乃要請東歸，跋陀嘉其懇至，遂共東行。於是踰越沙險，達自關中，常依隨跋陀，止長安大寺。頃之，跋陀橫爲秦僧所擯，嚴亦分散，憩於山東精舍。義熙十三年，宋武帝西伐長安，尅捷旋旆，塗步山東，時始興公王恢從駕遊觀山川，至嚴精舍，卽啓宋武延請還都，爲於東郊之際更起精舍，曰枳園寺。嚴前在西域所得梵本，到元嘉四年（四二七）乃共沙門寶雲譯出普曜、廣博嚴淨、四天王等經。後更汎海重到天竺，步歸至罽賓，無疾而化，時年七十八。由傳文觀之，似智嚴揩資後卽復西行，其歸國當在義熙初年，因據同書佛馱跋陀羅傳，跋陀被擯南指廬岳，停山歲許，西適江陵，猶在宋武南討劉毅之前，討劉毅事在義熙八年（四一二）九月也。

若慧簡慧嵬是否同行，載籍無考。嚴與跋陀共行，踰越沙險，達自關中，已見上引智嚴本傳，但跋陀傳又云：「嚴既要請苦至，賢遂愍而許焉，於是捨衆辭師，裹糧東逝，步驟三載，綿歷寒暑，既度葱嶺，路經六國，國主矜其遠化，並傾懷資奉，至交趾，乃附舶循海而行，……至青州東萊郡。」晉人蓮社高賢傳亦云：「嚴乃要師裹糧而行，經歷諸國，至交趾，附舶循海，達於青州東萊。」嚴之返國，遵陸遵海，究莫得而斷定也。

高僧傳又稱釋慧嵬不知何許人，止長安大寺，後以晉隆安三年，與法顯俱遊西域，不知所終。

高僧傳不傳慧簡，開元釋教錄宋錄有慧簡，云：「沙門釋慧簡，未詳何許人也。以孝武帝大明元年丁酉，於鹿野寺譯五天使者等經十部。」按大明元年丁酉，上距隆安四年庚子，凡五十七年，就最低限度計，晉慧簡出行之年爲二十歲，到此亦將八十，恐不能勝翻經之任，宋錄之慧簡，想必別是一人也。

顯與寶雲等共七人，得符公孫供給，西南行，路中無居民，沙行艱難，所經之苦，人理莫比，在道一月五日。

五年辛丑（弘始三——四〇一）到於闐（Khotan）。

以下文停三月日待觀行像一節觀之，則顯等到於闐當在四年臘底。由焉耆西南到於闐，此在東晉時尚可行，今則爲大漠橫隔矣。日人羽溪了諦（見燕京學報第四期）亦謂法顯到於闐爲西紀四〇一年也。

國主安堵顯等於瞿摩帝僧伽藍。慧景、道整、慧達三人，先發向竭叉國。（Khara-Śyâmâka）

竭叉國所在，考證最難，迄無定論，據余所知，約有如下五說：

（一）Eitel, Laidley 諸家謂卽 Ptolemy書之 Kossaioi（Kassai），梵文 Manu 書之 Khasas 及 the Vishnu Purana（印度古史）之 Khaśakes，但據 Beal 氏意見，前一名似指後世之 Cushites（Beal, op. cit. XXIV, XXVIII, n. 17）是否同一，尚待論定，且其今地亦未能確指也。

（二）Yule, Cunningham兩家謂竭叉卽今印度東北之 Ladakh，惟 Beal 氏駁之，以爲如是則無以解於佛國記所云國當葱嶺之中，及西行一月得度葱嶺到北天竺也。（Beal, op. cit. p. 298, n. 46）按記下文又云「僧紹一人隨胡道人向罽賓，」此之罽賓，即迦濕彌羅，非漢之罽賓，（說見後 Ladakh乃其一部，使顯師果至此地，何須與僧紹分道揚鑣耶?

（三）Beal 氏所翻竭叉，與西域記之法沙同作 Kie-Sha，是氏固認二國同一，但是否即今之喀什噶爾（Kashgar），氏又自附疑問。（op. cit. p, 344, Index.）

（四）馮譯沙畹（Chavannes）氏中國之旅行家云，「法顯等復發自於闐，經子合國，（按即今之哈爾噶里克 Kharghalik）於麾國，（按即今之塔什庫爾干 Tach-Kourghan）至竭叉國，與先行之僧衆會，（按竭叉國當爲今之疏勒 Kachgar）復由竭叉還於麾，度葱嶺。」考顯師行程，由於闐二十五日到子合，南行四日入葱嶺，又行二十五日到竭叉國，又西行一月度葱嶺，到北天竺境，如上所說，則是西入葱嶺後又出嶺復東，此準諸行向而不合者一。沙氏不得其解，乃於後强綴一語云，「復還於麾，度葱嶺，」顧求諸記文，顯師並無自竭叉回向於麾也。記云，「慧景、道整、慧達先發向竭叉國，法顯等欲觀行像，停三月日，……行二十五日到竭叉國，與慧景等合，」曰先發，知爲前進，必經曰與合，顯是後來趕上，如謂慧景等之向竭叉，情事視智嚴返向高昌求資一例，則當顯師停居於闐三月之際，慧景等儘可回此同行，何必顯師往向竭叉始偕回於麾，如是僕僕此衡以事理而不合者一。果如沙氏說，則由和闐（卽於闐）至葉城（卽哈爾噶里克）二十五日，由葉城至喀什噶爾二十九日，由喀什噶爾至天竺西北境，祗一月，末段道阻且長，山行艱險，而比諸一二兩段，爲日幾同，此較其程途而不合者三。記明言南入葱嶺，又言竭叉在葱嶺之中，若是喀什噶爾，則是向東北行，且未入葱嶺，此證諸地望而不合者四也。

（五）Rawlinson 氏以塔什庫爾干 Tâsh-kurghân）爲竭叉，Yule 氏疑之，丁謙考證云，「竭叉居葱嶺中，以地望核之，卽漢書依耐、魏書渴槃陀，伽藍記作漢盤陀，今塔什庫爾干城地，卽同於 Rawlinson 氏之說，然此亦失之過東，且在葱嶺外，非葱嶺中也。

然則竭叉果前代何國耶？余初擬爲魏略之渠沙國，北史九七云，「渠沙國居故莎車城，在子合西北去代一萬二千九百八十里，」昔人以裕勒阿里克爲子合，未嘗不因乎此。但魏略渠沙之外，別有莎車，北史所云或名雖同而地已遷，未足爲據，易言之則渠沙地果何在，殊難決定，無當於考證也。

余又嘗擬爲迦羅奢末（Khara-Śyāmāka）之省譯；考顯師翻 Nagara 爲那竭，Kusinagara 爲拘夷那竭，又 Sākala 東晉失譯那先比丘經譯爲舍竭，（佛學研究一二頁）外國傳翻爲沙竭羅，（藥叉名錄輿地考四三頁）ga 與 kha 音轉，（如 Sākala巴利本作 Sāgala，見佛學研究同頁。）gara 可以「竭」字翻，卽 Khara 亦可以「竭」字翻也。西域記翻Takshaśila 爲呾叉始羅，舊翻 Yaksa 爲夜叉，烈維（Lévi）氏謂「奢」字對音實可以譯 Śyāma 二音中之 Śyā」（藥叉名錄輿地考七八頁）奢叉不過輕重之別，故 Śyāmāka 略去末二音，卽可翻「叉」。此竭叉得爲迦羅奢末省譯之說也。（拘夷那竭之梵名亦作 Kuśigrâmaka，是末尾 māka 二音可以省譯，又如西域記二之商莫迦 Sāmka，顯師省譯爲睒，是也。）奢末、烈維氏認其卽宋雲之賖彌國，西域之商彌國，（同上七七頁）依此而推，然則竭叉亦卽宋雲之賖彌耶？當未下斷語以前，對於六朝間僧徒通道，似須先作相當之研究。考根本說一切有部毗奈耶，迦旃延出勞嚕迦城，先經迦羅，次濫波，次沙摩，（卽奢末）抵步迦拏國，（Vokkāna卽 Wakhan）（同上七七頁）道安西域志云「有國名迦舍羅逝，此國狹小而總萬國之要道無不由，城南有水，出羅逝西山，山卽葱嶺也，」（水經注二）按迦舍羅逝可還原爲 Khasa-Raja，卽羅什孔雀王經之迦舍國，（聖心二期拙著法顯西行年譜訂補四三——四四頁）經 Stein氏考訂爲 Kashkar 當今 Chitral 之省譯。（西域地名一九頁）高僧傳三智猛傳云「猛於奇沙國見佛文石唾壺，」與顯師所記竭叉「其國中有佛唾壺以石作色似佛鉢」相合，按猛以弘始六年甲辰（元興三年——四〇四）發跡長安，後顯師之見唾壺不過數年，唾壺在所應未轉變，是奇沙亦卽竭叉國也。夫古代交通困阻，徒侶來往，必取熟途，理也，道安之志聞自梵僧，智猛之傳記從身歷，綜合前文徵述，計自西元而後，Chitral 一地實當中印之衝，顯師巡行，不能例外，亦理也。迦旃延經沙摩以抵步迦拏，顯師循子合而赴竭叉國，今來古往，名異實同。下迄李唐，奘師自護密越山至商彌，慧超從烏萇入山至奢摩褐羅闍（Śyāmāke-Raja）後先三紀，曾未少殊，此余所以謂竭叉與迦羅奢末等名均同地異譯也。T. H. Holdich 氏云，「Chitral 人自稱其國曰 Kashgar 或 Kashkar，十八世紀時隸中國版圖，紀元初葉中國遊僧視爲佛教要地，意當日實喀什噶爾之役屬邊國也。」（Ency. Brit. Chitral 條下）余繙西域圖考二愛烏罕、痕都斯坦、巴勒提諸部圖，祇有喀莽（? Khowar）一名，或與相類，數典忘祖，省躬滋愧矣。或者曰烈維氏謂迦羅奢末之名出自智猛遊行外國傳（與地考七八頁）而奇沙國之名見於高僧傳智猛傳下，亦當本自猛書；今子謂迦羅奢末與奇沙均卽竭叉，猛記所親行，斷未必同國異譯，得毋有所誤解耶？殊不知此外國傳乃宋曇無竭作，非智猛作，余既辯而闢之矣。（聖心二期拙著課餘讀書記一六頁）然猶有以竭叉地非葱嶺爲疑者，將於下文葱嶺釋地再申言之。

西域之佛教疏勒國下云（二九三——二九四頁）「又當時鳩摩羅什留學於罽賓，……嘗蒞此國，頂禮佛鉢，……西元第五世紀之初，智猛亦來奇沙國卽疏勒國，瞻拜佛跡，彼亦記此佛鉢云，……是二人所見佛鉢均同，智猛當時曾於此國拜見石造之佛唾壺，在彼以前數年前，經行此國之法顯亦見之，」此以佛鉢證奇沙、竭叉卽今喀什噶爾者之說也。按高僧傳二羅什傳云，

「至年十二，……時什母將什至月氏北山，……什進到沙勒國頂戴佛鉢，」依僧肇法師誄序（引見後義熙十三年下）什到沙勒約穆帝永和十一（三五五）年智猛之到奇沙，最遲不過義熙二（四〇六）年與顯師之到弗樓沙（四〇二）前後不過四五載而顯師所見佛鉢，固明明在弗樓沙也。宋竺法維經往佛國見高僧傳大約後於智猛無幾時而所見佛盋在大月支國，亦即佛樓沙國今謂其前五十年與其後五年此鉢均移至喀什噶爾，其後未幾又回至佛樓沙，世寧有此巧事耶？且顯師記云「昔月氏王大興兵衆來伐此國欲取佛鉢，……乃校釋大象置鉢其上，象便伏地，不能得前，更作四輪車載鉢八象共牽，復不能進，」由其相傳故事之意義味之可見顯師遊歷以前數十年間佛鉢當未嘗移徙。顯師復於師子國下記云「法顯在此國聞天竺道人於高座上誦經云佛鉢本在毗舍離今在揵陀衞竟若千百年（法顯聞誦之時有定歲數但今忘耳。）當復至西月氏國若千百年，當至於闐國住若千百年，當至屈茨國若千百年當復來漢地，若千百年當復至師子國若千百年，當還中天竺到中天已當上兜術天上」歷數諸國未及疏勒，況顯師到師子國（四一〇）在智猛見佛鉢可四五年後，而猶云在揵陀衞竟則奇沙非喀什噶爾可知。又高僧傳三云，「共度雪山渡辛頭河，到罽賓國，……猛於奇沙國見佛文石唾壺，又於此國見佛鉢，……復西南千三百里至迦惟羅衛國，」就其叙事次第觀之，所謂「此國，」無論爲奇沙抑罽賓，均似在入竺以後，余故謂奇沙必非今之喀什噶爾也。綜此比勘，知羅什傳之沙勒，或名實異同（如新唐書護密之娑勒，并非喀什噶爾，見下子合釋地。）或聞記牽混，二者殆居一於此矣。

Sten Konow 氏據藏文於闐國記，於闐王尉遲毗梨耶（Vijaya-virya）建瞿摩帝、牛頭山二大伽藍，（見方譯東伊蘭語卽於闐國語考）瞿摩帝之對音爲 Gomati，卽今於闐哈喇哈什河之梵名，斯坦因謂大約在河東之 Kohmari 山，今此山尚有石室云。

慧達一人，先未言及，胡跋云，「惟慧達一人不在九人之列，豈從他道相從者乎？」梁啓超則謂僧傳有慧應無慧達，疑慧達卽前慧應。余按宋（齊）王琰冥祥記（法苑珠林一〇三）東晉末亦有沙門名慧達，其事跡如下：「晉沙門慧達，姓劉，名薩荷，西河離石人也。……年三十一，暴病而死，體尙溫柔，家未殮，至七日而穌。……奉法精勤，遂卽出家，字曰慧達，太元末尙在京師，後往許昌，不知所終。」高僧傳十三所記略同；又釋迦方志四云：「元魏太武大延元年，有沙門劉薩何者，家於離石南高平原，今慈州也，昔行至涼州西番禾郡，……何遂死於酒泉城西七里澗中」是此僧元嘉中尙生，惟皆未言其曾遊天竺，是否同人，難以決矣。

佛祖歷代通載晉武帝太康壬寅（三年）下云：「有劉薩訶病死入冥，……既甦，出家名慧達」按高僧傳稱慧達寧康中至京師，通載蓋誤以孝武帝太元爲武帝太康也。

四庫全書總目佛國記云：「又於闐卽今和闐，自古以來，崇回回教法，欽定西域圖志考證甚明，而此書載其有十四僧伽藍，衆僧數萬人，則所紀亦不必盡實」按于闐俗重佛法，僧尼甚衆，見魏書西域傳及水經注，當日修書諸臣，縱謂內典不屑窺，寧史傳亦未之見？然此亦自有故，蓋乾隆三十六年高宗曾製翻譯名義集正訛，謂和闐爲自古及今不易之回部，回部本自有回經，不信佛教云云（西域圖志一九），皇言綸綍，固或有知之而不敢斥其非者矣。

顯等停三月日，待觀行像。行像從四月一日爲始，至十四日訖。旣過四月行像，

僧紹一人隨胡道人向罽賓 (Kashmir)。

僧紹後來行蹤未詳。

隋彥琮辨正論云「舊喚彼方總名胡國，安雖遠識，未變常語，胡本雜戎之胤，梵唯眞聖之苗……

……語梵雖訛，比胡猶別，」安指道安，蓋六朝以前通稱天竺爲胡國也。

道人乃僧之別稱，如記下文云『見秦道人往，』又云『我等諸師和尙相承已來，未見漢道人來到此也，』均是此義。牟融理惑論「僕嘗遊於闐之國，數與沙門道人相見，」則東漢舊名矣。

此罽賓乃晉以後之罽賓，卽支僧載外國事之罽密，大唐西域記之迦濕彌羅；漢書之罽賓，則爲西域記之迦畢試（Kapiśa），兩地逈別。自西晉末葉以還，外國翻經師不審漢籍古地，如安法欽阿育王傳（三〇六），羅什大智度論（四〇五），求那跋陀羅雜阿含經（四三五——）等，均以罽賓當迦濕彌羅，初祗指鹿爲馬，久乃習非成是，罽賓之本稱遂成張冠李戴矣。（說別詳拙著漢書西域傳地里校釋） Beal 氏以此罽賓爲 Kābul (op. cit. p. XXVII, n. 14.) 更遠於事理，蓋唯僧紹等向迦濕彌羅，故由於闐別道，西南行以趨捷徑，若所向者高附（卽 Kābul）固可同隊西逾葱嶺，無事獨行矣。

顯等進向子合國(Sarugh-chupan)，行二十五日到其國。

子合初見漢書西域傳云「西夜國王號子合王，治呼犍谷去長安萬二百五十里，……東北到都護治所五千四十六里東與皮山西南與烏秅北與莎車西與蒲犂接，……子合土地出玉石。」

次後漢書一一八云，「漢書中誤云西夜子合是一國今各自有王子合國居呼鞬谷去疏勒千里。」次北史九七云「悉居半國故西夜國也一名子合其王號子，（奪合字）治呼犍在於闐西，去代萬二千九百七十里。」

又次通典一九三云「朱俱波後魏時通焉亦名朱俱槃國漢子合國也今并有之（據寰宇記一八六此「之」字應衍。）漢西夜蒲犂依耐得若四國之地在於闐國西千餘里其西至喝槃國南至女國三千里北至疏勒九百里東至葱嶺二百里。」（新唐書二二一上之文全鈔通典，略改面目耳。）

自是而後子合之名史不復見關於今地之考定皇輿西域圖志一八首發其凡云「裕勒阿里克

在波斯恰木南七十里，有小城，東北距葉爾羌城三百里，由是西南爲漢西夜國地……按漢西夜國北與莎車接，莎車卽今葉爾羌，則西夜故國當在葉爾羌南境裕勒阿里克西南也，所治以谷名，應附葱嶺而居者，至北魏時爲悉居半，唐爲朱俱波也」又云，「庫克雅爾在裕勒阿里克西五里，東北距葉爾羌城三百里，按後漢時西夜子合各自爲王，裕勒阿里克爲西夜國，則庫克雅爾當爲後漢子合國也」此以子合當今裕勒阿里克（Yul arik）之說也。（庫克雅爾相去祇五里，故可以裕勒阿里克括之。）漢西域圖考五云「子合爲悉居半國，（卽朱俱波，亦作朱駒波。）……宋雲於明帝神龜三年往天竺，子合又名朱俱波國」此因俱駒同音異寫，因謂朱駒波卽子合之說也。外人方面則 Klaproth 氏以子合當英噶薩爾（Yangi-hissar）謂其地有車路南入葱嶺也。（Beal, op. cit. p. XIV.）Beal 氏疑卽西域記之斫句迦，（op. cit. p. LXXVIII）地約當今之葉爾羌也。沙畹（Chavannes）氏謂卽今哈爾噶里克，（Karghalik）（見中國之旅行家）依西域圖志一八其地北距葉爾羌三（原誤二茲校正。）百二十里也。總而言之，諸家之說子合，要不離乎葉爾羌附近，余初次屬稿，迷於舊說，及今思之，蓋難辭盲從之咎矣。夫諸家所考定，無論爲裕勒阿里克庫克雅爾英噶薩爾，或哈爾噶里克，均有相同之缺點一焉，卽對於舊籍中子合、呼犍、悉居半等名，絕無相當之對音以爲證是也。外此則四地之中，英噶薩爾位居最北，距喀什噶爾祇二百里，（據西域圖志一七）與他家考定之竭叉地點絕不相容，不爲學者稱道，可無置論。所餘裕勒阿里克三地，相去不過數里或數十里，在本文上無關重要，故總括辨之。考顯師自於闐進向子合，在道二十五日乃到，今和闐（卽於闐）與葉城（卽哈爾噶里克）直距不足四百里，縱甚緩行，豈須兩旬以外；況焉耆與和闐直距幾千三百里，而顯師在道亦祇一月五日，沙行艱難，人理莫比，猶可日行四十里以上，而謂非沙行艱難者竟如是濡滯耶？不可通一也。宋雲家記於闐國境東西三千餘里，勢力縱極東伸，西邊未必如是短促，不可通二也。職是數故，蓋啓余疑，偏翻輿書，乃得兩地，與呼犍、悉居半對音均合，厥地維何，則 Wakhan 及 Sarugh-chupan 是也。夫北史之呼似密與 Kwarism 相當，則呼應爲 Wa，白法祖佛般泥洹經之犍梨與 Khanda 相當，則犍應爲 Khan，故曰呼犍之語原乃 Wakhan 也。悉萬斤與 Samakand 相當，則悉應爲 Sa，如 chupan 之 ch 讀作 k，則 chupan 適爲居半之對音，故曰悉居半之語原，乃 sa(rugh)-chupan（西域地名謂卽今Sarhad）也。質言之，子合者今 Sarhad 以東之地也。夫諸家必求子合於葉爾羌附近，固無非圖志之言先入為主耳。圖志之論據，最要在北接莎車一語，但莎車國境廣狹，吾人未之確知也。烏秅、余嘗考定為後來之烏萇（見下文）其國在印度北境，今以子合為 Sarugh-chupan，未嘗不合乎西南接烏秅之一語也。范書稱北去疏勒千里，疏勒舊治是否今喀什噶爾，學者尚懷疑問，然以 Sarhad 迤東當子合，視范書固大致不悖也。若如丁謙引西域水道記裕勒阿里克玉為證，則古代之玉來自和闐產玉之地非一處，高樸疏言「葉爾羌河向不產玉」（水道記一）則葉爾羌舊不以玉稱，如斯單純之佐證，謂足以決定子合地理耶。同治十三年（一八七四）戈登（Charles George Gordon）氏帕米爾游記，（光緒丁酉譯本）自沙和達（Sarhad）至塔什庫爾干行七日，又自塔什庫爾干至葉爾羌約行十二日，顯師以二十五日自於闐至子合，尚非不可能之事；因記文於故莎車國絕不提及，（依魏略、莎車時已併屬疏勒。）疏勒亦未之晉，（竭叉非疏勒，已辨見前文。）顯師是否必經葉爾羌西進，尚有討論之餘地也。

或者曰子合爲 Sarugh-chupan，既聞命矣，朱駒波卽子合，固子之所認也，然宋雲家記七月二十九日入朱駒波國，八月初入漢盤陀國界，漢盤陀自 Yule 氏考定爲塞爾勒克，（見圖志一八，卽西域水道記一之塞勒庫勒，英文作 Sarikul）或其首邑塔什庫爾干（Tash-Kurghan 此云石塔）而後學者曾無異議，子將何說以處此，余曰此亦不實不盡之考證也。漢盤陀、Julien 氏疑其原語作 Khavandha，st. Martin 氏還原作 Karchu，Beal 氏從之，藤田氏（往五天竺國傳箋釋）更疑是伊蘭語 Kuhundiz 之對音，城砦之義。按第一說無古今史地可證。第二說爲 Yule 氏所駁，已甚透闢。（Beal, op. cit. p. 298, n. 46.）然 Yule 氏塔什庫爾干之認定，揆諸宋雲記載，曾無一當；雲書「西行六日登葱嶺山，復西行三日至鉢盂城，三日至不可依山，其處甚寒，冬夏積雪，山中有池，」爲問未至塔什庫爾干以前，曾有池否？雲又言「自發葱嶺，步步漸高，如此四日，乃得至嶺，依約中夏，實半天矣。漢盤陀國正在山頂，自葱嶺已西，水皆西流，」爲問塔什庫爾干果能當山頂及東西分水界之地位否？雲又言「城東有孟津河，東北流向沙勒，」往五天竺國傳箋釋云，「城東臨河西流而東折，爲葉爾羌河，宋雲行記之孟津，唐書西域記之徙多河是也，一爲問孟津之稱何自而來，能下一轉語否？戈登游記云，「塔什庫爾干爲石方堡，……下堡八里，即所謂薩雷闊勒（Sarikul）平地，（亦統名塔什庫爾干有回莊十二。）此平地迤南頗遠，幾至乾竺特（Kanjut or Hunza）」又楊哈思班（Young Husband）游記（光緒丁酉譯本）云「再西逾池吉里克句科克馬克二山口而至塔戛爾瑪平地，由此再南，即塔什庫爾干矣。」是塔什庫爾干者在新疆實謂之平地，古人縱拙，平原高嶺，未必不分，今以平原之塔什庫爾干當半天之漢盤陀，說寧有當。夫宋雲家記之毒龍池非他，即今格什庫里（Guzkul 此云鵝湖）也，戈登氏離塔什庫爾干後第四日抵此，其湖水增爲一，水減爲三，漢書所謂三池也，最大者Wood 氏稱曰維多利亞（Victoria）湖。地高萬三四千呎。戈登游記稱塔什庫爾干西行第三日，經尼若塔什山口，山南北行，爲東西大分水界，此所謂葱嶺已西水皆西流也。戈登游記云，「喀喇噴赤（Kala Panja）者五堡也，堡濱河，河闊爲八十呎」此河名 Panj，P 與 m 通轉，j 與津同，紐孟津河者 Panj 之音轉也。h 聲與 k 聲有密切關係，吳其昌氏言之，t 與 j 可通轉，余嘗於課餘讀書記 Kuijun 條下言之，d 與 j 可通轉，則有天篤天竺爲例，伯希和（Pelliot）氏云「

中國古翻往往將複名前一名之尾字之la省去其例不少，」（佛學研究一一〇）綜合數義卽知漢盤陀之語源應爲 Kala Panja（法文作 Kala Pandja）續高僧傳二作渴羅槃陀尤無省略，喀喇噴赤爲瓦罕（Wakhan）會所居，（見戈登游記）蓋至晚近尚爲重要之都會。戈登遊記云，「自離尼若塔什山口以後當通至阿克塔什平地之處，尙有樹木可以當薪一入帕境便難遇，」夫固謂「葱嶺高峻不生草木。」然由是益反證塔什庫爾干之非漢盤陀矣。若以孟津河東北流向沙勒爲疑，則先於宋雲者如道安，後於宋雲者如玄奘皆有此種誤會，誠如藤田氏所謂「玄奘誤以爲與徙多河合，是在當時固不足怪」者。F. W. Rudler 氏有云 "Nephrite is said to occur also in the Pamir region."（Ency. Brit. jade）是 Wakhan 亦許出玉石，此等事祇可作旁證，不能盡恃也。至 Sarugh-chupan 是否確卽今之 Sarhad，惜余於此名本據尙無所知，不能作斷定語耳。（參觀下於麾釋地）

西域記十二云「（商彌）國境東北踰山越谷經危履險，行七百餘里至波謎羅川，……自此川中東南路無人里，登山履險，唯多氷雪，行五百餘里至朅盤陁國，……城東南行三百餘里至大石崖，……大崖東北踰嶺履險行二百餘里至奔攘舍羅，（唐言福舍）葱嶺東岡，四山之中，地方百餘頃，正中墊下，從此東下葱嶺東岡登危嶺越洞谷谿徑險阻風雪相繼行八百餘里出葱嶺，至烏鎩國，……從此北行山磧曠野五百餘里至佉沙國，……從此東南行五百餘里，濟徙多河，踰大沙嶺至斫句迦國。」烏鎩、Beal 氏還原爲 u-chu(Och)，其地可疑若斫句迦之爲哈爾噶里克，（葉城縣）佉沙之爲喀什噶爾，固多數考據家所認定者，佉沙南去烏鎩，東南去斫句迦，依玄奘紀程數約相等，以斜線長於垂線之理推之，則烏鎩之緯度應與斫句迦平列，或且比其較南，今蒲犂縣治（塔什庫爾干）與葉城幾東西相直，（約北緯三八度）以當烏鎩，或尚近於事理，（羽溪氏以葉爾羌當烏鎩，更與奘師行踪不合。）今考據者弗問遠近，竟擬爲烏鎩西去需程千二百餘里之朅盤陀，僕誠不知其可矣。戈登遊記云「未至沙和達里許，卽爲平地，闊約一里，直西至喀喇噴赤止，」與西域記云「地方百餘頃」暗合。新唐書（二二一下）小勃律王居孼多城，卽 Gilgit，五百里當護密之娑勒城，卽 Sarhad（往五天竺國傳箋釋）娑勒者舍羅之音轉也。西域記朅盤陀東南行三百餘里，復東北行二百餘里，至奔攘舍羅，則後者約在前者之東四百里，今喀喇噴赤東至沙和達約七十五哩，依外人古六里約當一哩之計算，數亦相等，是比核奘記、宋傳、及今輿而揭盤陁之卽喀喇噴赤，毫無可疑者也。

往五天竺國傳云「又從胡密國東行十五日過播密川，卽至葱嶺鎭，……外國人呼云喝飯檀國，漢名葱嶺，又從葱嶺步入一月至疎勒，」此之胡密，卽都今之 Kunduz，（說見下段）疎勒卽喀什噶爾，夫謂 Kunduz 至塔什庫爾干行祇十五日，而塔什庫爾干至喀什噶爾乃行一月，其誰信之？賈耽四夷通道（新唐書四三下）云「自疏勒西南入劍末谷、青山嶺、青嶺、不忍嶺，六百里至葱嶺守捉，故羯盤陀國，」或據此以爲喀什噶爾至塔什庫爾干直距三百里，與六百里之數近，似也，然顯、奘、超三師事均親歷，賈相空記傳聞，徒引此文，已非確證。況西域記謂烏鎩役屬揭盤陁，則烏鎩之墟亦可曰故羯盤陀國，開元而後，大食東侵，守捉所治，保無內徙，書里較近，安知非事出有因耶？此余所謂漢盤陀之今地，實應西移，通諸子合考證而無滯者也。

或者又曰，漢盤陀當喀喇噴赤，姑如子言，抑宋雲行記有云「九月中旬入鉢和國，」鉢和今之 Wakhan 也，而子顧位漢盤陀於斯，亦有說耶？余曰，北史九七（當本自魏書）云「伽倍國，故休密翖候都和墨城，在莎車西去代一萬三千里，」西域記一二云，「屈浪拏國、……從此東北登山入谷，途路艱險，行五百餘里至達摩悉鐵帝國，（亦名鑊偘，又謂護蜜。）……尸棄尼國（按此四字當是衍文，三藏法師傳五六無之。）昏馱多城，國之都也。」往五天竺國傳云，「又從此犯引國北行廿日，至吐火羅王住城，名爲縛底耶，……又從吐火羅國東行七日，至胡蜜王住城。」又新唐書二二一下云，「護蜜者、……曰鑊侃，元魏所謂鉢和者，……王居塞迦審城，北臨烏滸河」按和墨、護蜜、胡蜜，祇一音之轉，其爲同國自無可疑；但觀諸家所記，則都城初爲和墨，貞觀至開元間爲昏馱多，（慧超傳雖未舉城名，但自縛底耶 Balkh 至塞迦審 Ishkashim 非七日可達，故知是昏馱多也。）其後爲塞迦審，曾不一地，前人休密之釋，說繁不能備引，然昏馱多之爲 Kunduz (Beal, op. cit. p. 39 n. 125.) 塞迦審之爲 Ishkashim，（往五天竺國傳箋釋）殆絕無可疑者，易言之，則都城有自西徂東之勢。由此搆思，余乃恍然於白鳥氏以 Sarik-Chaupon（即前文之 Sarugh-chupan）當和墨（西域之佛教六五頁）非特言音不對，且復新舊混淆，蓋和墨非他，即墨底耶西南之 Khulm 也。Wakhan 之 han 可翻和，故 Khulm 之 hu 亦可翻和，墨則與末尾之m完全吻合。（漢書二八上休屠孟康注云，「休音許虬反，」則休與 hu，骨，又今北語讀胡如 hu，是胡蜜亦爲對音。）伽倍則 Khulm對河 Kabadian 首二音（Kaba）之省譯，亦卽梁書五四之呵跋檀國，（滙編五冊八六頁從堀謙德說，呵跋檀卽揭盤陁，非也。）梁書云，「呵跋檀國，……亦滑旁，小國也，……胡密丹國，亦滑旁小國也，」白鳥氏附胡密丹於護蜜之列，（西域之佛教六五頁）立說良允，意者當日此國兼有其地，故國稱伽倍，城稱和墨耶？據是推論，乃知休密一國，初都縛芻下游，唐中而後，始東遷山嶺，故新唐書娑勒屬護蜜。宋雲西行之日，都城想猶在 Khulm，所謂入鉢和者，蓋已逾喀喇噴赤而西也。若 Wakhan 一名，乃帕米爾與印度庫施山脈間一長狹地帶，故漢書子合治呼犍谷。往五天竺國傳箋釋云，「胡蜜王城已爲塞迦審，若從吐火羅城縛底耶，則東行七日，決不能至，日數必誤，七或廿之譌，」蓋未知護蜜都城之未遷。又云，「案西域記達摩悉鐵帝國條云，尸棄尼國昏馱多（Khandut）城，國之都也，與唐書不合，但昏馱多乃尸棄尼之城，玄奘之時，偶爲此國之都城耳，」蓋不知勘以三藏法師傳文，「尸棄尼國」四字之當衍，而唐書所載塞迦審，乃開元以後之新治。（此亦或受大食東侵影響。）又云「獨怪玄奘已歸至鉢和，何更越大山之南而至商彌國，是實不可解者也」殊不知奘師當日所到，是昬馱多非塞迦審，取道商彌不過略爲迂折。如是說法則推之舊籍而皆準矣。吾人考古不可不疑，亦不可妄疑，是在乎折衷得當也。

抑余尙有所欲言者，則宋雲之行實自今和闐西上，經塞爾勒克、沙和達、喀喇噴赤，極於 Kabadian 及 Khulm（大約於 Pata Kesar 渡口度河）始折而東入昆都斯（卽嚈噠）取道 Panjshir 流域（卽波斯）以至 Chitral（卽商彌）其前半程途，大略可覩。行記嚈噠下云，「見大魏使人再拜跪受詔書」，烏場下云「國王見大魏使宋雲來拜受詔書」，又乾陀羅下云，「宋雲詣軍通詔書王凶慢無禮，坐受詔書」，蓋當日嚈噠强大，威震西疆，宋氏之行，順兼聘問，明乎此，則知其取途迂折，與他僧徒略異者，非無故矣。

住子合國十五日，南行四日入葱嶺，到於鏖國安居。

葱嶺、今人率祇以帕米爾（Pamirs）當之（如西域地名）此在西域記固當如是解釋，但在兩漢六朝古籍，則陳義未免太狹。蓋印度庫施山脈起自塔克敦巴什（Taghdum bash Pamir）

之首其北麓爲我國與乾竺特分界，（Ency. Brit.）乾竺特之西曰Yasin有河曰Yashkun，漢書西域傳云「捐毒國、……南與葱嶺屬無人民西上葱嶺則休循也，」Yasin或Yash(k)un者卽休循之遺音，（其說別見拙著漢書西域傳地理校釋）此漢書以印度庫施山脈爲葱嶺之證也。糵多河（Gilgit R.）之初源曰Ghazar河其地有Ghizar小部，（Ency. Brit.）道安西域志云「其國名伽舍羅逝，……出羅逝西山山卽葱嶺也逕岐沙谷出谷分爲二水，」（水經注二）Ghazar或Ghizar者岐沙之遺音此道安以印度庫施山脈爲葱嶺之證也。蘇婆流域，（Swat R.）北以印度庫施山脈爲分水嶺卽六朝時烏場國所在，（見下烏長釋地）宋雲行記云「十二月初入烏場國北接葱嶺南連天竺，」此宋雲以印度庫施山脈爲葱嶺之證也。越在顯師說尤明晰達麗羅川（Darel）在糵多城（Gilgit）南卽陀歷國所在，（見下陀歷釋地）顯師記云「其國（竭叉）當葱嶺之中自葱嶺已前草木果實皆異唯竹及安石榴甘蔗三物與漢地同耳從此西行向北天竺在道一月得度葱嶺葱嶺冬夏有雪，……彼土人卽名爲雪山也，度嶺已到北天竺始入其境有一小國名陀歷，」夫謂度嶺已卽入陀歷，則未入陀歷之前，斯爲葱嶺此則顯師記文以印度庫施山脈爲葱嶺之確證也。戈登游記云，「沙和達西三十三哩，有村曰巴巴唐吉，再西曰桑，爲帕米爾河南流入瓦罕蘇處，此兩村之間居民，夏令大半出巴洛哈爾（Baroghil Pass）等山口游牧於乞托拉爾，（Chitral）」蓋此山口有路直通乞托拉爾，外人謂是漢僧往來之要隘，乞托拉爾都城去印度庫施山脈之正分水界約四十七哩，其南坡特起方頂之 Tirach Mir 峯，下臨乞托拉爾，爲全脈中最高者，（Ency. Brit.）我國人向以峯最高者爲中，顯師謂竭叉當葱嶺之中，其觀察良不謬也。今由印度赴乞托拉爾凡有兩道，（一）繞經蘗多城，計行山程二百哩，中越蘗多與 Mastuj 間之 Shandur 山隘，高一二、二五〇呎。（二）自 Peshawar 經蘇婆流域及 Bajour，過 Lowarai 山隘，（一〇、四五〇呎）計程一百哩。（據 Ency. Brit. Holdich 氏說）顯師蓋取前道，故過蘗多城後乃出葱嶺也。或以顯師在道一月爲疑，考往五天竺國傳云，「又從烏長國東北入山十五日程至拘衛國，」超師蓋取後道，前道長約倍於後道，則在道一月非悖於事理也。或又謂自乞托拉爾向蘗多爲東出，顯師云西行向北天竺，則方望不合，殊不知古代僧徒以入竺爲西行，顯師此處所記，祇是渾括言之。顯師既自蘗多城方面出嶺，則必越巴洛哈爾山口，既越此山口，則必經乞托拉爾，由是而竭叉應爲乞托拉爾，益得一佐證矣。

於麾，漢西域圖考七云，「魏書作權於摩國，」丁謙魏書西域傳考證云，「但距子合僅四日程，當在今沙昔都爾地，」惟同人佛國記攷證又云，「記言在子合南四日程，當在今奇靈卡地，」兩釋不同，其純出肌測可知矣。考北史九七云，「權於摩國、故烏秅國也，其王居烏秅城，在悉居半西南，去代一萬二千九百七十里，」西域圖志四六云，「按漢書皮山國、西南至烏秅國千三百四十里，皮山在於闐國西，今自和闐城西行至拔達克山國都亦千三百餘里，路適相當，拔達克山在漢爲烏秅，在魏爲權於摩也，……唐書不載烏秅、權於摩、阿鉤羌諸國，而有喝盤陀，由疏勒西南六百里至其國，今之喀什噶爾古疏勒地，西南六百里至拔達克山，道里相合。」按烏秅卽顯師之烏萇，喝盤陀卽今之喀喇噴赤，說分見前後文，姑舍不論。但烏秅在皮山西南、拔達克山在和闐之西，祇就圖志所徵引之方望核之，已不適合，若謂喝盤陀卽權於摩，更不過修書諸臣意爲揣測，（喀什噶爾西南至拔達克山，直距已約三百五十哩，行程更不止此。）絕無佐證。顧現代之中外考訂家，對於拔達克山說，雖不予承認，獨其所謂喝盤陀卽權於摩者，仍因誤弗改，此則余所大惑不解者也。悉居半、余既考定爲 Sarugh-chupan 之對譯，則於麾一國，當於其西南求之，考宋雲行記云，「八月初入漢盤陀國界，西行六日，登葱嶺山，復西行三日，至鉢猛城，」（據漢魏叢書本）張宗祥合校本伽藍記鉢猛作鉢盂，Beal 氏譯作 Kiueh-Yu，注云「或作 Kong-Yu，」（op. cit. p. LXXXIX.）Kiueh 與 Kong 均不見於張氏校本，以余揣之，當是「鉤」及「權」字之對譯。今乞托拉爾住民，多半爲 Kho 種，一稱 Khowar，後名經 Stein 藤田兩家考訂爲唐六典之俱位，往五天竺國傳之拘衛，十、地經等後記之拘緯，按權於之二合音爲「俱，」權於麾（摩）者，卽後來之俱位、拘衛也。顯師記文之於麾，實爲（K）hoswar，隱去 k 音之對譯，與（K）hotan 之譯於闐相同，權於麾則顯示 k 音之對譯也，故李氏謂於麾與權於摩同一，殆絕無可疑者。由此推之，今伽藍記之鉢盂或鉢猛，當以 Beal 氏見本爲合，應正作「鉤盂」或「權盂」，蓋淺人不察，因義近而改「鉤」爲「鉢，」又因字近而誤「盂」作「猛」也。「鉤盂」或「權盂」之二合音爲 Kho，顯師與宋雲，均於離子合後首經此地，其爲同一，亦甚顯然，意者當日Kho種在子合之西，漢盤陀之東自成聚落，及後被强種Ronas壓逼，乃南徙於今地，Holdich氏云「Ronas種勇於戰鬥，來自北方，」(Ency. Brit.) 其說可互相印證也。北史所稱故烏秅國，據西域記三烏仗那國舊都，并不在此方，丁氏已疑其誤，但彼沙昔都爾或奇靈卡之證，齊亦未爲得也。

安居已，行二十五日到竭叉國，與慧景等三人合。

梁啓超千五百年前之中國留學生云「計在今新疆省內共行百二十二日，」按自燉煌起至此止，顯師記文所載日數，祇百二十一日（一月作三十日計）梁氏已多算一日。又依上各條釋地，則未至子合已前，其一部行程，業出今新疆境外，在新省境內者，最多不過九十日耳。記文稱到竭叉國，值其王作般遮越師，漢言五年大會也，會多在春時云云，合以下文行程觀之，疑顯師等於此多有逗遛，與前在於闐候觀行像無異，特記未詳載耳，故將度嶺程途，列入下年。

般遮越師（Pañchavarshâ, parishad），東晉僧護因緣經作般遮汙瑟大會，蕭子顯御講摩訶般若經序作無遮大會（Moksa Parisad），僧祐賢遇經記云「般遮于瑟者，漢言五年一切大衆集也，翻譯名義集作般遮跋利沙。

沙畹（Chavannes）氏謂顯師復由竭叉還於巃，已辨見上文。

元興元年壬寅（弘始四——四〇二）西行向北天竺，在道一月，得度葱嶺。

度嶺已，到北天竺。始入境，有一小國名陀歷（Dâril）。

記文「西行」二字是渾括言之，說見上文。西域之佛教（一〇九頁）云「西元四〇二年法顯入北印度。」

西域記三云「烏仗那國，……其王多治瞢揭釐城，……東北踰山越谷，逆上信度河，途路危險，山谷杳冥，或履絙索，或牽鐵鎖，棧道虛臨，飛梁危構，椽杙躡蹬，行千餘里，至達麗羅川，即烏仗那國舊都也。」Cunningham氏印度古地理云「達麗羅谷（Dâril or Dârail）在印度河西岸，當英東經七十三度四十四分，中有達麗羅川，達羅脫人（Dardus or Dards）居之，川蓋因住人而名也。」此達麗羅，Beal 氏謂即陀歷（op. cit. p. 134 n. 37）地在蘖多城南，義淨譯大孔雀王呪經作達剌陀國，五天竺國傳箋釋謂即通典之陀羅伊羅。丁謙攷證以爲鉢盧勒，非是。

箋釋又云「陀歷……爲今達拉特（Dardistan）地方，」此亦當分別言之，蓋 Dardistan 之名純爲科學家意造，用以指示印度之西北邊界所包頗廣，（Ency.Brit.）陀歷小國，不足以當全稱也。

唐道宣釋迦方志云：「後燕建興末，沙門曇猛者，從大秦路入達王舍城，及返之日，從陀歷道而還東夏，」按建興爲慕容垂年號，始太元十一年，終太元二十一年，當二十一年慕容寶參合之敗，支曇猛身與其役，見晉書後燕載記，則曇猛過陀歷時與顯師先後約差十年也。

順嶺西南行，十五日渡新頭河。（Indus R.）

新頭河、Beal 氏疑是蘇婆河，沙畹氏謂是蘖多河，前說是也。

王謨佛國記跋云：「白帖又引法顯記佛生於殷末，道成於周初，至成王十二年，經律始到新頭河，注河即張騫所到之處，今考佛國記亦載有新頭河，下乃云漢之張騫、甘英皆不到，又云菩薩像立在佛泥洹後三百許年，計於周氏平王時，亦與彼文不同；」按法苑珠林一二〇云：『問法琳法師曰，依辯正論第五卷云，姚長謙曆言佛是昭王甲寅歲生，穆王壬申之歲始滅度，因何法顯傳云聖殷王時生，」又同卷引法琳之言曰『今按法顯傳云聖出殷王時生者，但法顯雖外遊諸國，傳未可依，年月特乖殊俗，實爲河漢。』所云『聖殷王時生』者，純由記文『泥洹已來一千四百九十七年』推算得之，非傳中實有此語也。至佛氏誕年不下十說（見後義熙六年下）由商武乙至商末計七十六年，周初至周幽王末計三百五十二年，合計四百二十八年，是記文所謂泥洹後三百許年爲周平王者，卽商武乙時降生之說，與白帖佛生殷末道成周初絕不相悖，若成與平音義均近，古書展轉鈔錄訛誤時有，苟執武乙之說，則泥洹後至平王十二年確爲三百許年，至成王則祇十許年耳，此吾人勿庸以面目已非之白帖（與宋孔傳續帖相混）而致疑記文之訛舛者也。

水經注一引法顯云『漢之張騫、甘英皆不至也，』高僧傳三云『皆漢之張騫、甘英所不至也，』此皆六朝時書見聞較近，張騫指求身毒卒未得通，史有明文，人所爛熟，白帖之『張騫所到，』安知非奪去不字而應作『所不到』耶?

中國之旅行家云：「經新頭（Indus）河支流之 Gilgit 流域，踰懸絙，過新頭河至迦濕彌羅（Cachemire）佛國記雖未記載此地，要必爲法顯等所必經也。復渡新頭河至烏萇國。」按顯師度葱嶺已，先經陀歷，次順嶺西南行渡蘘多河，入蘇婆上流之烏萇，其經行途徑，均在今迦濕彌羅西北，沙畹氏謂爲顯師等必經，非也，不然何未聞與僧紹會耶？

渡河便到烏萇國（Uḍḍiyâna），是正北天竺也。

烏萇國，符秦曇摩難提譯增壹阿含經作烏仗國，羅什譯大金色孔雀王經作烏纏國，（義淨譯同本作烏長國）宋雲行記或作烏場國，梁寶唱名僧傳作憂長，西域記作烏仗那國。漢書有烏秅國，北與子合、蒲犂接，其西有縣度，縣度者石山也，谿谷不通，以繩索相引而度云，與本記所言崖岸險絕，其山爲石壁立千仞，臨懸絙過河，河兩岸相去減八十步者，不特地望相符，情狀亦合。黃楙材印度劄記云「烏秅卽烏萇，一作烏仗那，」是也。漢書註：『鄭氏曰烏秅音鷃拏，師古曰烏音一加反，秅音直加反，急言之聲如鷃拏耳，非正音也，』余按依師古則烏秅與 udya 對音，依鄭氏則鷃拏與 ana 對音，意者此國本譯稱烏秅鷃拏，昔人因其音多，或從省略，此亦古籍中常見之例，鄭氏不察，遂誤鷃拏爲烏秅之音，而師古又從而辨之也。不然何四字連合急讀之，竟適成 Udyāna 之對音耶？或者曰子謂烏萇卽漢書之烏秅，然漢書固云烏秅北與子合、蒲犂接，西有縣度，又云罽賓東至烏秅國二千二百五十里，則烏秅應在罽賓之東。今說者已證漢之罽賓卽唐之迦濕彌羅，而子顧位烏秅於蘇婆流域，是烏秅反在罽賓之西，得毋與舊說不相容耶？余應曰子所持者乃中史舊說，以漢之罽賓當唐之迦濕彌羅，（卽今之克什米爾，晚近法儒烈維、沙畹亦如是主張。）故烏秅不得爲烏萇。余所信者藤田豐八之說，以爲漢之罽賓，應在唐之建馱羅迦西約與迦畢試（Kapis）相當，（說見慧超往五天竺國傳箋釋，太繁不備引。）故烏萇得爲烏秅也。西域記三云「烏仗那國，……其王多治瞢揭釐城（今 Manglaur）……東北踰山越谷，……行千餘里，至達麗羅川，卽烏仗那國舊都也。」曰舊都，可見烏秅國境初達東北，後乃逐漸南徙，封域雖異名號實同，果何礙於漢書北接子合蒲犁，西有縣度之文耶？新唐書吐火羅傳有越底延云「南三千里距天竺，西北千里至賒彌，……居辛頭水之北，其法不殺人，重罪流，輕罪放，……多稻米石蜜」烈維（Lévi）氏疑卽烏萇，但又以同書別有烏萇傳，且不載越底延之事爲疑。余按北史云，「烏萇國在賒彌南，……南至天竺，……豐稻麥，……爲法不殺犯死罪，唯徙於靈山」則與越底延之事合。又慧超往五天竺傳殘卷云「又從此建陀羅國正北入山三日程，至烏長國，彼自云鬱地引那，」則與越底延之音合，此皆可證實烈氏之說而新唐書爲一國兩傳也。至烏萇所在，則爲今之蘇婆（Swat）流域，一統志謂烏秅今拔達克山（Badakshan），印度劄記謂今德列（Delhi）威聊（Hérat）等部，丁謙謂今阿富汗國加非利斯坦省（Kafiristan）之斑底者均誤。

慧景，道整、慧達三人，先發向那竭國。（Nagarahâra）

羅什譯觀佛三昧經稱佛影石室在那乾呵羅（那）國毒龍池側，慧遠萬佛影塔銘序云，「佛影今在西那伽訶羅國南山古仙石室中，度流沙從徑道，去此一萬五千八百五十里，」又高僧傳三佛馱跋陀羅生北天竺那呵梨城，均即此地。道藥傳作那迦羅訶國，西域記作那揭羅曷國，漢西域圖考七謂那揭國即佛國記之那竭國是也。其地舊爲 Jalālābād 區之首邑，經 W. Simpson 氏考定，在今 Surkhar (or Surkh-rud) 河及 Kâbul 河合口之角隅，地當右岸，慧立三藏法師傳又稱爲燈光城（Dipaṅkara）Nagara，猶云城也。

(Beal, op. cit. p. 91 n. 36.)

顯等住烏萇國夏坐訖，南下到宿呵多國。(Svât)

Beal氏謂宿呵多卽Svât。慧超往五天竺國傳箋釋云：「案西業者多，殆法顯傳之宿呵多(Swat)，顯傳云，法顯等住此國（烏萇）夏坐，坐訖南下到宿呵多國，又云從此（宿呵多）東下五日行至犍陀衞國，然則宿呵多在烏萇之南，建馱羅之西約五日程，今參以此傳，知宿呵多在建馱羅之西北，乾（Cunningham）氏以爲布尼爾（Bunir）地方，惹爾（Giles）氏以爲蘇伐斯丁（Swastene）地方，皆非也，」按烈維氏云「法顯巡歷時，曾在宿呵多國見此割肉貿鴿處，此宿呵多國應爲烏萇乾陀羅間之 Svat ……最後玄奘詳記此國在烏仗那（烏萇）之南，斯坦因（Stein）根據此說，曾在 Svat與 Indus 兩河之間 Bunes 之內 Girarai 地方，發現其遺跡，」（史地叢考續編二三九頁）是 Buner（Bunir）卽在 Svat（Swat）流域，其爲古之宿呵多，又經發掘證明，乃藤田氏一方既承認 Swat，一方又否認 Bunir，復未提出其的確地點，殊令人索解無從也。

馮承鈞西域地名云「Suvastu，佛國記作宿呵多，西域記作蘇婆伐窣堵。」Suvâstu 亦作 Su-

，bhavastu卽 Arrian 之 Suastos，Ptolemy 之 Soyastos。(Beal, op. cit. p. 126 n. 24.)

從此東下五日行，到犍陀羅國。(Gandhâra)

漢安清譯有犍陀國王經，長阿含經作乾陀羅國，西域記作犍馱邏，云「舊曰乾陀衞，訛也，」華嚴經音義三云「乾陀羅國，此云持地國，謂昔此國多有道果聖賢住持其境，不爲他國侵害也。又云乾陀，是香，羅謂陀羅，此云遍也，言遍此國內多生香氣之花，故名香遍國。其國在中印度北北印度南二界中間也。」據伯希和氏說，衞乃印度地名古語尾 vati 之譯音，此犍陀衞國，按卽西域記之布色羯羅伐底城，顯師記云「佛爲菩薩時，亦於此國以眼施人，其處亦起大塔，金銀校飾，此國人多小乘學，」彼記云「（布路沙布邏）東北行五十餘里，渡大河，至布色羯羅伐底城，……然皆遵習小乘法敎，……是釋迦佛昔爲國王，修菩薩行，從衆生欲，惠施不倦，喪身若遺，於此國土千生爲王，卽斯勝地，千生捨眼，捨眼東不遠，有二石窣堵波，各高百餘尺，右則梵王所立，左乃天帝所建，以妙珍寶而瑩飾之，」其勝蹟、事實無殊，從知同爲一地矣。慧超往五天竺國傳云「此城（建馱羅）俯臨辛頭大河北岸而置此城西三日程，爲一大寺，……此寺名葛諸歌，」箋釋云，

「案葛諾歌西域記二犍馱邏國條作迦膩色迦（Kaniska），云王城外東南八九里有卑鉢羅（Pippala）樹，又云卑鉢羅樹南有窣堵波，……又云大窣堵波西有故伽藍迦膩色迦王之所建也，……此伽藍已在布路沙布邏城外東南八九里，而此傳云此城西三日程爲葛諾歌寺，則當時建馱羅王城斷非布路沙布邏矣，」觀乎此，則知犍陀衞之都城，當法顯及慧超時，均不在布路沙布邏。復按宋雲家記稱乾陀羅城東南七里有雀離浮圖，後魏道藥傳作城東四里，觀其所記迦尼色迦王出遊見四童子因緣，知即此記之弗樓沙國，則自後魏太武（四二四—四五一）末年至唐初國都又在布路沙布邏。書說不同，其中間嘗遷此地耶？抑冬夏異居，如我國所謂正都陪都耶？ Beal 氏云「布色羯羅伐底城（Pushkarâvati）健馱邏國之舊都也，相傳爲布色羯羅王（Pushkara or Pushkala）所建，大約在今 Hashtanagara 地方，南去Pêshâwar 十八哩，臨蘇婆河，距此河與 Kâbul 河（Kôphên or Kôphês）合口處不遠。」（op. cit. p. 109 n. 92.）中國之旅行家云，「按即古之 Poushkaravati，在今之 Charsadda 附近。丁謙謂即干達馬克，按干達馬克之英名爲Gandamak，乃 Jalâlâbâd 西邊三十五哩之一村，丁說非也。

宋書有斤陁利國，梁書作干陁利，丁謙攷證云「斤陁利、佛國記作乾陀衞，」按乾陀衞在北印，當時與我國交通，率經西域，似未必繞道南海；況梁書謂其地「檳榔特精好，」檳榔非北印所產，丁說不足信也。又干陁利卽斤陁利，梁書具言之，乃丁氏梁書攷證又採明史說，謂干陁利卽三佛齊古名，更未免後先矛盾矣。

自此東行七日，有竺刹尸羅國，(Takshaśilâ, Taxila) 復東行二日，至投身餧餓虎處。

竺刹尸羅，唐宋叢書本漢魏叢書本學津討原本支那內學院本均作竺，四庫本水經注作紇尸羅國。羅什譯大金色孔雀王經有卓叉始羅國，與乾陀羅國並舉，義淨譯作得叉尸羅，烈維疑卓字爲誤，余按安法欽譯育王傳云，「時有國名奢叉尸羅，」奢卓同紐，則當時固有此種翻法也。宋譯因果經作德叉尸羅國，西域記作呾叉始羅國。歷代求法翻經錄校正爲笡刹尸羅，余按天毒天篤可轉天竺，則竺字未必是訛也。Beal 氏云「竺刹尸羅、宋雲謂在印度河東三日程，西域記同，Cunningham 氏以爲在今 Shah-dheri 附近，曾於 Kâlaka-sarai 東北一哩許發見古城遺蹟，計卒堵波（stûpa）不下五十五所，寺二十八所，祠五所。歐洲古學者如 Arrian，Strabo，Pliny，Ptolemy等均嘗記載 Taxila 之偉大富庶，St. Martin 氏據 Pliny 書謂其地在今 Shah-dheri 西北八哩之 Hassan-Abdal 云。」（op. cit. p. 136 n. 43.）

從犍陀衛國南行四日，到弗樓沙國。（Purushapura）

弗樓沙國，漢西域圖考七謂卽西域記之跋虜沙城，Beal 氏則以布路沙布邏（Purushapura）當之。按西域記自醯羅城東南行五百餘里至健馱邏國都布路沙布邏，又東南行二百餘里至跋虜沙城，此記則醯羅城東距弗樓沙國十六由延，弗樓沙國北至犍陀衛國計行四日，如以一由延爲卅里，則十六由延爲四百八十里，與五百餘里約相當；又弗樓沙國之佛鉢及罽膩迦王（Kaniska）塔，彼記均叙於布路沙布邏下，兩兩比勘，知李說爲非。續高僧傳云「犍陀囉國人也，此云香行國焉，居富留沙富邏城，此云丈夫宮也，」富留沙富邏亦卽布路沙布囉，慧超往五天竺國傳箋釋云「布路沙布邏（Purusapura）法顯傳作弗樓沙，魏書、北史作富樓沙。」Beal 氏云「犍陀邏國在 Kâbul河下游，跨河而立，介於 Khoaspes（Kunar）及辛頭兩流域之間，卽 Ptolemy 之 Gandaræ 首都曰布路沙布邏，當今 Peshâwar 地方。」(op. cit. p. 97 n. 54.)

復按西域記之跋虜沙洛陽伽藍記作佛沙伏，（丁謙謂沙伏二字誤倒）伽藍記云「至正光元年四月中旬入乾陀羅國，………本名業波羅國復西行三日（張宗祥校本作月者誤）至辛頭大河，……復西行三（張宗祥校本作十三亦誤）日至佛沙伏城，……城北一里有白象宮，」一是也。丁謙攷證誤以弗樓沙、富樓沙、佛伏沙、跋虜沙四名併爲一地，蓋音近而易混故幷識其分別於此。

寶雲、僧景二人自此還。又慧景、道整、慧達三人赴那竭國供養佛影訖，慧景病，道整住看，慧達還至此處相遇，達亦隨寶雲回國。

高僧傳三釋寶雲未詳氏族涼州人。求法懇惻忘身狥道，以晉隆安之初遠適西域，與法顯、智嚴先後相隨，後還長安隨佛馱跋陀業禪師進道，俄而禪師橫爲秦僧所擯，雲亦奔散，會廬山釋慧遠解其擯事，共歸京師安止道場寺。雲性好幽居，遂適六合山寺譯出本行讚經，以元嘉二十六年卒，春秋七十有四。其遊履外國，別有記傳云。按寶雲之書隋唐志均未著錄，釋迦方志云「五謂東晉隆安初涼州沙門釋寶雲與釋法顯、釋智嚴等前後相從，俱入天竺，而雲通歷大夏諸國，解諸音義」

按寶雲經何道回國，今無可考，道宣所記，豈據寶雲記傳而書之耶？其參贊譯事，前引智嚴傳外，尚有兩節：一高僧傳三僧迦跋摩傳，「慧觀等以跋摩妙解雜心，諷誦通利，……即以其年（景平元年）九月，於長干寺招集學士，更請出焉，寶雲譯語，觀自筆受。」二宋慧觀勝鬘經序云，「請外國沙門求那跋陀羅手執正本，口宣梵音，……釋寶雲釋爲宋語，……大宋元嘉十三年歲次玄枵八月十四日初轉梵輪，訖於月終，」又高僧傳三求那跋陀羅傳，「後於丹陽郡譯出勝鬘楞伽經，徒衆七百餘人，寶雲傳譯，慧觀執筆。開元錄五寶雲下，著錄佛本行經七卷，新無量壽經二卷，淨度三昧經二卷，付法藏經六卷，云「右四部一十七卷，前一部七卷見在，後三部十卷闕本。」丁國鈞補晉書藝文志云「佛所行讚經傳五卷，寶雲見隋衆經目錄，」按開元錄云「佛本行經七卷，或云佛本行讚傳，……或云五卷，……高僧傳云佛本行讚經。」

西域之佛教云（二五四頁），「尙有弘始六年（西元四〇四）與智猛經於闐而赴印度之寶雲。」按雲既返國，未再出遊，羽溪錯氏不審何緣致誤，豈錯認僧傳之智嚴爲智猛耳？

由是法顯獨進，西行十六由延（Yójana），至那竭國界之醯羅城。（Hiḍḍa）

由延，西域記云：「夫數量之稱謂踰繕那，舊曰由旬，又曰踰闍那，又曰由延，皆訛略也。踰繕那者自古聖王一日軍行也。舊傳一踰繕那四十里矣，印度國俗乃三十里，聖教所載唯十六里。」按那先比丘經云「去是二千由旬，合八萬里，」此一由延爲四十里也。華嚴經音義云：「准此方尺量二里餘八十步當一俱盧舍，計一由旬合有一十七里餘二百八十步，」此一由延約十六里也，此記所稱似從印俗作三十里算，因下文謂北行一由延到那竭國城，而西域記則謂那揭羅曷國城東南三十餘里至醯羅城也。四庫本水經注校勘記云：「案由巡即由旬，書內通用，近刻訛作由延，」按東漢孔孟詳譯興起行經，姚秦佛陀耶舍譯長阿含經，陳眞諦譯阿毗曇論，均作由延，是由延爲東漢舊翻，而顯師採用道元轉錄者，庫本所云蓋失考矣。

醯羅，St. Martin 氏還原爲 Hiḍḍa，其附近今稱 Bêgrâm，亦猶「城」之義也。

從此北行一由延，到那竭國城，住此冬三月。

顯、奘二師之入印，取途各異，故經行所至後先不同，漢西域圖考七云「法顯由東來，故先至健馱羅，此（玄奘）由西北來，故先至此（那揭國）也。」

唐宋、漢魏及學津本均作二月，唯支那內學院本作三月。

二年，癸卯（弘始五——四〇三），顯與道整，慧景共三人，南度小雪山，慧景道卒。

胡跋云：「至弗樓沙，又有慧達與寶雲、僧景還歸秦土，而慧景遂於佛鉢寺無常，則所云顯等三人南度小雪山者，是道整與慧應也，何得復云慧景不堪復進。檢蕭梁高僧傳，亦云慧景，此慧景當作慧應，將由南朝時便誤寫矣。其後道整竟留天竺，惟慧達一人不在九人之列，豈從他道相從者乎？按記文自弗樓沙至醯羅城一程，大書獨進，可見慧應斷非同行。又記文於行輩離合，除智嚴等五人趕到偽彝一節外，來去均甚分明，未必慧達一人獨在此時加入。胡氏所持者最要在『慧景應在佛鉢寺無常』一語，但『應』之爲義，是追述時歸咎運命之語，不云小雪山而云佛鉢寺者，乃舉其附近勝地言之，慧達即慧應，究以梁說（見前）爲可信也。

小雪山，丁謙謂即今阿富汗都城南之白瓦里山，未詳所指。按今 Jalalabad 之東南，有 Khyber

(Khaiber) Pass乃古來軍行所經，如亞歷山大、元太祖及帖木兒等，均嘗取道於此，顯師度小雪山，豈卽經過此隘耶？

過嶺南到羅夷國 (Rohi) 住此夏坐。

Beal 氏謂 Rohi 卽 Afghanistan，丁謙大典圖考證云「佛國記有羅夷國，英人恭寧翰(Cunningham)考謂卽元奘西域記之漕矩吒」

夏坐訖，南下行十日，到跋那國。(Varnu)

羅什譯大金色孔雀王經有跋那國 (Varnu) 義，譯作跋怒國，不空譯作色（原誤邑）城，烈維謂西域記十一之伐剌拏國，卽今Bannu，必爲此 Varnu 之對音云。按 Bannu 在印度河西，東北距 Peshâwar 可一百哩。惟本記稱國有三千許僧皆小乘學，西域記則謂僧徒三百餘人，並學大乘，其學風已迥然不同矣。西域地名云「Varnu佛國記作跋剌，……二譯阿毗達磨大毗婆沙論作筏剌拏，二譯孔雀王經作跋怒，三譯作跋那，」按跋剌是跋那筆誤，據開元錄孔雀王呪經羅什第四譯，義凈第八譯，無論如何，羅什遠在義凈之前，謂二譯作跋怒三譯作跋那者亦誤。丁謙謂卽今哈爾奈，未詳所指。

從此東行三日，復渡新頭河，過河有國名毗荼。(Bhiḍa)

毗荼、Beal 氏謂卽 Bhiḍa，丁謙謂卽今克爾普爾，按克爾普爾似爲 Khairpur 之音譯，乃印度省名，其地失之偏南，又有同名之城，約在北緯二十九度許，英東經七十二度許，不知丁氏果何指也。梁啓超云「計在今阿富汗國境共行三十三日」，又云「自燉煌至毗荼共費百五十九日」按就梁氏所列日期計之，前者應爲三十四日，少算一日，後者應爲百五十八日，多算一日，然猶其小焉者耳。顯師自度葱嶺到陀歷國起，迄毗荼國止，其間曾南下至 Peshāwar，東南抵 Rawalpindi 附近，固非盡今阿富汗國境也，此說之未安者一。記中行途，如南下到宿呵多國，西行十六由延至醯羅城，北行一由延到那竭國城，又南度小雪山到羅夷國，均未舉日程，所行不止三十三日也，此說之未安者二。蓋顯師遊蹤，自離弗樓沙西行起，始漸入今阿富汗境，梁氏所舉三十四日中，如自陀歷順嶺西南行之十五日，宿呵多東下到犍陀衛之五日，犍陀衛南至弗樓沙之四日，均在印度境內，所可稱在阿富汗境者，祗羅夷到跋那十日程中之一部耳。

從此東南行減八十由延，到摩頭羅國。(Mathurâ)

羅什譯大金色孔雀王經有摩偷羅國，（義淨譯作末度羅國，不空作末土羅城。）西域記有秣菟羅國，漢西域圖考七云：「即佛國記之摩頭羅國」，華嚴經又作摩度羅城，唐慧苑華嚴經音義云：「或云摩偷羅，亦云摩突羅，此云孔雀城，或云密善，謂吉事者也。」即今之 Muttra，當英東經七十七度四十一分，北緯二十七度二十八分。

漢西域圖考云：「按此（指西域記行程）皆游蹤，非大道，法顯由那竭至摩頭羅，祇經羅彝、跋那、毗茶三國，是可見也」。按顯、奘二師取途各殊，且此段七十餘由延（約一千餘里）程中經過之地不少，特記從省略耳，李氏之說未爲是也。

復按此段行程之後截，似已度入元興三年。

三年甲辰（弘始六——四〇四）又經捕那河(Jumnâ or Yamunâ river)，

從是以南，名爲中國(Mâdhyadeśa)，即中天竺也。

捕那河水經注一作蒲那，（四庫本作蒲那般河，謂近刻脫般字，）云但以記文與今音 Jumna 校之則般字應是衍文，四庫之校，未見其是也）漢西域圖考七云「此隆德至河」按隆德至河，徐繼畬瀛環志略作隆德勒至河（Sutlej），乃印度河支流，與此地渺不相涉，李氏誤也。考今 Muttra 之東爲 Jumna 河，西域記稱閻牟那河，B至M通轉，捕那即牟那，惟缺去首音，蓋畸譯也。道安西域志作遙奴水，新婆沙論作閻母那河。

記文云『法顯發長安六年到中國』自己亥至此甲辰，首尾恰爲六年。

四十二章經云「六根既具，生中國難」以天竺爲中國，在佛教初來，即有是稱。顯師記云『見秦道人往，乃大憐愍，作是言，如何邊地人能知出家爲道，遠求佛法，又云「善哉！邊地之人乃能求法至此」又云「自傷生在邊夷」又云『道整既到中國，……乃追歎秦土邊地衆僧戒律殘缺」蓋印僧自謂居世界之中，四方僧侶亦以此稱之。水經注一云『自河以西天竺諸國，自是以南皆爲中國，人民殷富，中國者服食與中國同，故名之爲中國也』其說非也。四庫提要佛國記云「其書以天竺爲中國，以中國爲邊地，蓋釋氏自尊其教，其誕謬不足與爭。」

從此東南行十八由延，到僧迦施國（Saṃkâśya），住龍精舍夏坐。

僧迦施國道安西域志作僧迦扇柰揭城按柰揭（nagara），此云城也。高僧傳三作迦施國，蓋誤奪僧字，與下文迦尸國異。西域記作劫比他國，原註『舊謂僧迦舍國，』漢西域圖考七云，『此即佛國記之僧迦施國。』Beal 氏云「此國與今之 Saṇkisa 相當，一八四二年 Cunningham 氏發見其遺址，恰在 Atrañji 之東南四十哩（即二百華里）」(op. cit. p. 202 n. 110) 慧超往五天竺國傳箋釋云：「此地今稱僧結薩（Saṇkisa）在恆河殊木那(Jumna)河之間，此傳在兩恆河間者是也。西域記四云從此西北行減二百里至羯若鞠闍國，法顯傳云從此東南行七由延（Yojanas）到罽饒夷城，乾（Cunningham）氏以爲二百里約今三十三英里，七由延約今四十九英里，方位亦異，自葛奴治(Canauj)至僧結薩實東南行約五十英里，法顯所傳蓋信矣。」按上所言係以一由延當四十里計算，Saṇkisa 在今 Kanauj 西北之Farrukhabad 區中。

夏坐訖，東南行七由延，到罽饒夷城（Kanyâkubja），城接恆水。(Ganges)

罽饒夷、西域記作羯若鞠闍國，原註「唐言曲女城國，」往五天竺國傳作葛那及。Cunningham

氏云，「羯若鞠闍今稱 Kanauj，西域記稱刼比他西北行減二百里至其國，誤也，應正作東南行減三百里。罽饒夷爲北印首都者蓋數百年，但其重要遺蹟多已湮沒，今城祇占古城之北部耳。」(Beal, op. cit. p.206 n. 1) 按三藏法師傳「從此西北行二百里至羯若鞠闍國，」學院本校注云「記作東南行減，」未言所校何本，豈據近人說而改正者耶？又今 Kanauj 東臨恆河，而西域記言羯若鞠闍西臨殑伽，豈「西」爲「東」之筆誤耶？同記下文又言城在殑伽河西大花林中，則城在河西無疑，Beal 氏釋作濱臨恆河西岸」）(borders or lies near the western bank of the Ganges.) 亦屬曲爲之解。學院本註一（四）云「西域記五作拘蘇磨補羅，即曲女城，」按西域記云「羯若鞠闍國人長壽時，其舊王城號拘蘇磨補羅（唐言花宮）」拘蘇磨補羅與羯若鞠闍地點雖同，名義則異。且西域記八亦云「昔者人壽無量歲時，號拘蘇摩補羅城（唐言香花宮城），……逮乎人壽數千歲，更名波吒釐子城，」是有此稱者又不止一地也。水經注，「恆水又東逕罽賓饒夷城南，」賓字後人因涉罽賓而誤衍也。

恆水，見東漢安清譯恆水經，西域記作殑伽河。

度恆水南行三由延，到呵梨林，從此東南行十由延，到沙祇大國。(Sāk`ta)

水經注一「恆水又東南逕沙祇國北，」無大字，蓋猶下文云瞻波大國耳。漢西域圖考七云，「疑卽後書之沙奇城，」按魏略云：「車離國一名禮惟特，一名沛隸王，在天竺東南三千餘里，其地卑溼暑熱，其王治沙奇城，有別城數十，人民怯弱，月氏天竺擊服之，其地東西南北數千里，人民男女皆長一丈八尺，乘象橐駝以戰，今月氏役稅之。」車離者 Kôsala 節略首音之畸譯也，禮惟特者 Śrâvastî 節略首音之譯文也。Prasênajit 東晉曇無蘭翻作不犂先尼，不犂沛隸，祇一音之轉，故沛隸王者波斯匿王也。漢魏以今北印度爲天竺，故曰在天竺東南三千餘里。後漢書一一八云：「東離國居沙奇城，在天竺東南三千退里，」東離實車離之訛，Cunningham 氏謂東離卽紀文之多摩梨帝國，丁謙謂沙祇國卽烏德部（Oudh）之沙遮亭普爾（Shahjahanpur）西城地名以車離爲 Cola，均非是，蓋一則禮惟特、沛隸王、沙奇三名未得解證，一則當日月氏勢力不能達於半島海岸也。史記大宛列傳正義引括地志云，「沙祇大國卽舍衛國也，在月氏南萬里，卽波斯匿王湲（按湲應作治，唐人諱改之）處，」沙祇曾爲拘薩羅國都（Ency. Brit.），舍衛亦屬此國，故云沙祇大國即舍衞國，沙祇之攷證，唐初早有定論矣。

沙祇、羅什譯大金色孔雀王經作娑枳多國，義淨譯稱娑雞覩或娑雞多，月藏經作娑寄多國。又馬鳴菩薩傳云「出自東天竺桑岐多國」（據法苑珠林引，但今本無此語。）沙桑音轉，（例如桑門與沙門）亦即此沙祇大國。

Beal氏云，「鞞索迦國（Viśâkhâ）Cunningham 氏疑爲法顯所稱沙祇之 Sâkêta，亦即今之 Ayôdhyâ 或 Gude 也。」又云「如來淨齒楊枝樹法顯佛國記亦於沙祇下敘之，氏謂鞞索迦即沙祇者因此。（op. cit. p. 239 ff.）學院本註（一五）云「西域記五作鞞索迦，傳有如來淨齒遺枝被伐尋生因緣，又有四佛行坐遺迹同此。」蓋本前說而立言，但記文言沙祇國南行八由延到舍衞城，彼記言鞞索迦東北行五百餘里至室羅伐悉底國（即舍衞，）使沙祇果是鞞索迦，何以方向懸殊若此？即如外人之言顯師記文「南行八由延」應正作北行，而五百餘里殆八由延之二倍，數目亦太相差。又況西域記之阿輸陁，是否非 Ayôdhyâ，尚待論定耶。考西域記五云「羯若鞠闍國……大城東南行百餘里至納縛提婆矩羅城，據殑伽河東岸，……納縛提婆矩羅城西北，殑伽河東，有一天祠，……城東五里有三伽藍，自此東南行六百餘里，渡殑伽河，南至阿踰陁國。」Beal 氏云「羯若鞠闍或納縛提婆矩羅東南東去 Ghâghra 流域之 Ayôdhyâ，約百三十哩，但欲以阿踰陁當 Ayôdhyâ 頗有種種困難，卽使謂 Ghâghra 河卽玄奘之殑伽，亦難解於彼何以須渡此河在南行也。反之，如謂玄奘循殑伽行六百里而後渡河，則將去今 Allahâbâd 不遠，又爲不可能之事。Cunningham 氏因此，疑六百里爲六十里之訛，認阿踰陁與 Kâkûpur 古鎭相當，其地西北去 Kanhpur (Cawnpore) 二十哩。」(op. cit. p. 225. n. 43) 按 Cunningham 氏此說，驗以西域記原文，計有誤會者三點：記明言納縛提婆矩羅城可羯若鞠闍都城東南百餘里，今乃謂羯若鞠闍或納傳提婆矩羅同去 Ayôdhyâ 百三十哩，不審作何解法，一也。依記納縛提婆矩羅在殑伽河東，今所考定之Kâkûpur似在河西，二也。卽如氏言六百里爲六十里之訛，但 Cawnpore去羯若鞠闍五十餘哩，再加 Kâkûpur去 Cawnpore 二十哩，共七十餘哩，又依同氏說，一哩約當西域記六里，(見前僧迦施釋地)是彼所認爲納縛提婆矩羅者，乃在羯若鞠闍東南四百餘里，與記百餘里不符，三也。若奘師由納縛提婆矩羅東南赴 Ayôdhyâ，亦可先渡過 Ghâghra (Gogra) 河上游，次乃再渡此河而南至其地，但渡過上游之際，正在六百餘里行程中，記文略而弗叙耳，是所謂渡河南行，幷無難解之處。此外如 Ayôdhyâ與阿踰陁之對音脗合，八百里（百餘里與六百里相加）與百三十哩之程距相當，均足證明阿踰陁應爲今之Ayôdhyâ (Oudh)，易言之，卽鞞索迦不能爲今之 Ayôdhyâ，蓋此是奘師親歷，與史臣祇據傳聞，同國兩傳者情勢逈異，一地固不能當兩國也。然則鞞索迦果當今何地耶？考西域記五又云「渡殑伽河北至迦奢布羅城，……自此北行百七八十里至……索迦國，」迦奢布羅經 Cunningham 氏證爲 Gômati 流域之 Sultânpur 鎭，(Beal, op. cit. p. 237 n. 67) 在 Ayôdhyâ 之南四十餘哩，則鞞索迦應在今 Ayôdhyâ 之南約二十哩也。同記又云「阿踰陁國……從此東行三百餘里，渡殑伽河，北至阿耶穆佉國，……從此東南行七百餘里，渡殑伽河，南閻牟那河北，至鉢羅耶（本或誤那）伽國」，鉢邏耶伽 (Prayâga) 卽今 Allahâbâd，在 Ayôdhyâ 西南，Cunningham 氏所謂難解，度此亦其一端。按 Ayôdhyâ 東南八十哩處有一鎭，名 Azamgarh，亦作 Azimgarh，居 Tons 流域之北，與可能參去時晉甚合，相傳爲一六六五年大地主名 Azim Khan者所設立，(Ency. Brit.) 余意此地之名，在古當有所本，但不在 Ghâghra 河之南而在其北，(約當 Basti之南) 如是，則相距較近而可與阿耶穆佉相當矣。由此西南行約百一二十哩，(七百餘里) 卽爲 Allahabâd 余因是斷定記文東南行應正作西南行，而 Cunninghan 氏所謂種種困難者可完全解決，韓索迦之非沙祇益無疑義。若夫過去四佛經行遺迹亦見西域記阿踰陁國下，與淨齒遺枝同非重要勝蹟，易於意造，印度有名故事之地點，且往往轉移，若斯之類更未得爲攷證之重要信據也矣。

從此南行（應正作北行說見後文）八由延，到拘薩羅國(Kôsala)舍衞城(Śrâvasti, Sâvatthi) 卽波斯匿王 (Prasenajit, Pasenadi) 所治城也。

拘薩羅國，名見增壹阿含經，漢失譯有佛在拘薩國經，吳支謙譯百緣經作驕薩羅國，羅什大金色孔雀王經作俱涉羅國，長阿含經作居薩羅國，西域記作憍薩羅。漢西域圖考七云：「室羅伐悉底國，（大唐西域記）原註指爲舍衞國，而下記從南印度復回憍薩羅，則此至其北所屬之城，後乃至其國耳」。按西域記從南印度復回憍薩羅，乃南憍薩羅，與此非同一地。舍衞城，初見後漢安清譯父母恩難報經隋譯起世因本經作舍囉婆悉帝城，西域記作室羅伐悉底國云「舊曰舍衛國，訛也。」玄應一切經音義三云「舍衞國，十二遊經云無物不有國，或言舍婆提城。（按此名見大智度論。）或言捨羅婆悉帝夜城，並訛也。正言室羅伐國，此譯云聞者城，法鏡經云聞物國，善見律云舍衞者是人名，昔有人居住此地，往古有王見此地好，故乞立爲國，以此人名號舍衞國，一名多有國，諸國珍奇皆歸此國也。」華嚴經音義云「室羅筏國舊云舍衞國，具稱室羅筏悉底，此翻爲好道，或曰聞物，此乃城名，非是國號……然國都號爲憍薩羅，但以就勝易彰，故以城號國也」一

Thomas 云「舍衞乃拘薩羅國首都，在 Râmâyana 書中其首都爲 Ayodhyâ （巴利語曰 Ayojjhâ）經近人考定爲沙祇，殆無疑義。至名稱殊異之故，或因沙祇本一區之名，如波羅奈別號迦尸；或因 Ayodhyâ 有「不可克」之義，戰勝者予以新稱也。總當是拘薩羅國勢力南伸，故沙祇代舍衞爲首都矣。」（Life of Buddha, p. 15）

慧超往五天竺傳箋釋云「室羅伐悉底 (Śrâvasti) 乃此國梵名，舍衞 (Sâvatthi) 乃其波利 (Pali) 語。」至舍衞城當今何地，近人說者不一，Beal 氏云「舍衞城亦稱Dharmapaṭṭana，今

Rapti 河南岸有一廢邱，名娑哈摩哈 (Sâhet Mâhet) Cunningham氏謂卽其遺址，在Ayôdhyâ 北約五十八哩，顯西域記稱鞞索迦東北行五百餘里至其國，則玄奘所取逕者顯非最短之路，若法顯謂自沙祇北（依校正說）行八由延，則方向遠近均合。又舍衛之名，亦見婆羅門典籍，相傳其城爲 Śrâvasta 所建，其人乃 Śravâ 王之子而 Yuvânaśva 王之孫云。」(op. cit. p. 1 n. 1) 按上所言，乃依 Cunningham 氏鞞索迦卽今 Ayôdhyâ 之說，故謂西域記道里過長。但鞞索迦非今 Ayôdhyâ 已辨如前文，使如拙說其地應再南約二十哩，則二十哩加五十八哩，約爲八十哩，恰足與西域記五百餘里相當，所差者記言東北，方向略有不符耳。Thomas氏云，「Cunningham氏所考定之娑哈摩哈在烏德部 Gonda 區中之西界。一八七五年，A. C. L. Carlleyl 氏曾於 Basti 區之 Bhuila 地方發掘，謂彼認此爲迦維羅衛故城，縱非絕對無疑，要亦甚近事理。但據後來發見，乃知迦維羅衛似應在娑哈摩哈東北東之一地，而據中國遊僧記載，則迦維羅衛固在舍衛東南也。職是之故，V. A. Smith 氏遂將舍衛再移向東北，且稱已於廓爾喀 (Nepal) 境內 Rapti 流域上發見其遺蹟，西南去 Naipalganj 路站祇數哩（一八九八）據所計算，與中國遊僧記載更爲相近；然雖如此，彼亦不能不將記載中之遠近數目，效Cunningham 氏加以改正，最後且斷定法顯所到之迦維羅衛，異乎玄奘所到，以調和其間。惟裴哈摩哈地方陸續所出碑刻，殆已證實其必爲古之舍衛（一九〇八——九），所尙難決者地居迦維羅衛之西南西，而中國遊僧則謂在西北也。」（op. cit. p. 17 ff.）黃楙材恆河攷謂卽非薩巴城（Fyzabad），則地與 Ayôdhya 相鄰，其誤不待辨。

波斯匿王，名見西晉法炬所出經，卽魏略之沛隸王也（說見前），東晉迦留陀伽譯十二遊經云，「波斯匿王者晉言和悅，」吳支謙孛經翻爲卑先匿，東晉曇無蘭翻爲不犂先泥，西域記作鉢邏犀那恃多王云「唐言勝軍，舊曰波斯匿，訛略，」梁書乃云「波斯國其先有波斯匿王者以父字爲氏，因爲國號，」望文生義，丁謙氏已辨之。其治世舊多謂與佛同時，惟 Aśôka Avadâna 所附世譜，則繫之前元三七五年以後，二九五年以前，雖未可信，然亦足資參較也，因錄諸後方：

1. 湃沙王（Bimbisâra）約前元五四〇——五一二。
2. 子阿闍世王（Ajâtaśatru）五一二。

3. 子 Udayibhadra 王，四八〇。

4. 子 Muṇḍa 王，四六〇。

5. 子 Kâkavarṇin王，四五六。

6. 子 Sahâlin王。

7. 子 Tulakuchi 王。

8. 子 Mahâmaṇḍala王，約三七五。

9. 子波斯匿王。

10 子 Nanda 王。

11 子 Bindusâra 王，二九五。

12 子 Susima 王。

Thomas 氏云，「梵文 Purâṇas 書中，有奇異之王室世系表，其世系首珊闍耶（Sañjaya），次釋迦（Śâkya），次輸頭檀（Śuddhodana），次羅睺羅（Râhula），或作私達（Siddârtha），又作布色羯羅(Pushkala)復次波斯匿。然珊闍耶亦見於佛祖傳統中，釋迦則由種名變人名，佛之自身，以私達名號繼輸頭檀爲王，但又與己子羅睺羅相混，且嗣位之波斯匿（巴利語Pasenadi)固與佛同時之拘薩羅王也。」(op. cit. p. 20 n.)合觀上兩表及魏略之沛隸王波斯匿時代，殊堪研究也。

城南千二百步道西爲祇洹精舍(Jêtavana vihâra)。

祇洹見增壹阿含經，又作祇桓，西域記城南五六里有逝多林，是給孤獨園，今已荒廢，原註『唐言勝林，舊曰祇陀，訛也。』

玄應一切經音義三云，「祇樹或言祇陀，（見康僧鎧譯郁伽長者經）或云祇洹，皆訛也，應言逝多，此譯云勝氏，即憍薩羅國波斯匿王之子也，婆那此云林，正言飯那，以樹代之耳」玄奘譯能斷金剛般若經作誓多林，華嚴經音義云『逝多，梵言也，或曰制多』按 Jêta 昔人曾否譯作制多，余未詳考，但瑜伽師地論十九與阿毗達摩俱舍論十四之制多，則其原語爲 Kaitya，內法傳作制底，玄應一切經音義二十二云「制多，舊言支提，或言支帝，皆一也，此云可供養處，謂佛初生成道轉法輪及涅槃處，皆應供養恭敬，生諸福也」一內法傳第二十五章云「大師世尊既涅槃後，人天並集，以火焚之，衆聚香柴，遂成大積，卽名此處，以爲質底，是積聚義，據從生理，遂有制底之名，」一

此與祇洹立義迥異，因幷辨之。

城西五十里到一邑名都維（Tadwa）。

太平御覽七九七引支僧載外國事云「迦葉佛生確國，今無復此國，故處在舍衛國西，相去三十里，」一按記文言都維是迦葉佛（Kaśyapa）本生處，在舍衛城西五十里，則確國卽都維無疑。又西域記六云：『大城（舍衛城）西北六十餘里，有故城，是賢刼中人壽二萬歲時迦葉波佛本生城也，城南有窣堵波，成正覺已初見父處，城北有窣堵波，有迦葉波佛全身舍利，』所叙名蹟，與都維同，然至唐初奘師已不能舉其稱，蓋荒廢者久矣。Beal 氏英譯西域記（p. 13）To the north-west of the capital 16 li or so，以六十里爲十六里，或所見本誤。

從舍衛城東南行十二由延，到那毗伽邑。

那毗伽、Beal氏譯本亦未還原，按藝文類聚七六引支僧載外國事云，「鳩留佛姓迦葉，生那訶維

國，」鳩留佛(Krakuchchhanda Buddha)即長阿含經之拘留孫佛，此記之拘樓秦佛，記文云：「(那毗伽)是拘樓秦佛所生處，父子相見處，般泥洹處，亦有僧伽藍起塔，」又西域記六云：「(劫比羅伐窣堵國)城南行五十餘里，至故城，有窣堵波，是賢劫中人壽六萬歲時，迦羅迦村馱佛本生城也，城南不遠，有窣堵波，成正覺已見父之處，」三事比觀，知那訶維國即那毗伽邑之異譯也，惟訶維毗伽互倒，未詳孰是。

太平御覽七九七又引支僧載外國事云，「那訶維國……在迦維羅越南，相去三千里，」按記言那毗伽北行減一由延至一邑，又東行減一由延至迦維羅衞，是那毗伽在迦維羅衞西南約二三十里，此云曰千，顯是三十之訛。漢西域圖考七謂那毗伽即西域記之劫比羅伐窣堵國，舊曰迦毗羅衞國，按迦毗羅衞，自有下文之迦維羅衞與之相當，李說非也。

Beal氏云「拘樓秦佛所生處，必須於迦維羅衞西南約一由延(八哩)求之，若 Carlleyle 氏謂在Nagra，則其地當迦維羅衞西北七哩半，未爲是也。」(op. cit. p. 18 n. 47) 按氏所謂迦維羅衞即 Bhuila。

從此北行減一由延，到一邑。

記文云：「是拘那含牟尼佛所生處，父子相見處，般泥洹處，亦皆起塔」，按御覽七九七引外國事云：「拘那含國牟尼佛所生也，亦名拘那含，在迦維羅越西，相去復三十里」，則此邑本名拘那含國。(Kanaka) 又按拘那含牟尼佛 (Kanakamuni Buddha) 卽西域記六之迦諾迦牟尼佛，彼記云：「迦羅迦村馱佛城東北行三十餘里，至故大城，中有窣堵波，是賢刧中人壽四萬歲時迦諾迦牟尼佛本生城也，東北不遠有窣堵波，成正覺已度父之處」，其地經 Carlleyle 氏考定爲今之 Kanakpur 村，在 Bhuila（此地卽同氏認爲古之迦維羅衞者，見前舍衞釋地）之西約一由延。(Beal, op. cit. p. 19 n. 49) 但迦維羅衞之今地，後來又有異議（說分見前後文），是此說尙未能確立矣。

從此東行減一由延，到迦維羅衞城 (Kapilavastu)，城東五十里爲佛生處。

迦維羅衞見漢法本內傳，吳支謙本起瑞應經稱迦維衞，竺法護譯普曜經作迦維羅竭國，迦夷衞國，或省稱維衞，支僧載外國事稱迦維羅越國，增壹阿含經稱迦毗羅越，或迦毗羅衞國，十二遊經云，「迦維羅越國者晉言妙德，」羅什譯大金色孔雀王經稱迦毗羅國，宋譯因果經稱迦毗羅施兜國，梁書中天竺國傳作嘉維國，西域記作劫比羅伐窣堵國，云「舊曰迦毗羅衞國，訛也，」義淨譯孔雀王經稱劫比羅國，（不空作劫毗羅國）華嚴經音義云：「迦毗羅城，具云迦毗羅皤窣都，言迦毗羅者，此云黃色也，皤窣都者，所依處也，謂上古有黃頭仙人，依此處修道，故因名耳。」文言之則曰父城，內法傳序云，「酬恩惠於父城，發心者莫算，」是也。雙卷泥洹經云；「迦維衞國釋種民衆，」雙卷大湼般槃經則云「赤澤國諸釋氏，」是赤澤國亦似迦維羅衞之別譯也。

Beal氏云，「迦維羅衞國，大概即今 Ghâgrâ 及 Gaṇḍakâ 兩河間自 Faizâbâd 迄兩河合口之地帶，直接計量，周約五百五十哩，以路程計，當在六百哩已上，玄奘則估計周四千里。其都城同名經 Carlleyle 氏考定爲Bhuila在 Basti 區之西北部，西南去 Faizâbâd 約二十五哩。此說若合，則玄奘所紀距舍衞之里數，實失諸太遠矣。」（op. cit. p. 14 n. 28）Thomas 氏云，「一八九六年，又廓爾喀境內 Nigliva 西南十三哩及 Padaria 村附近地方，發見一柱，上有刻文，由 Hultzsch 博士繙出，文云『Devânâmpriya Priyadarśin 王（按後一文乃碑刻中阿育王之署銜）即位之二十年，因釋迦牟尼佛誕於是間，親來敬禮，王命刻石，上作一馬（？，）又命樹一石柱，（昭示）我佛生處。王復論民園（Lummini）之稅（祇）供（收穫）八之一，』近處又有一印度祠，尚存摩耶后（Mâyâ）產佛石像。由是舊傳之我佛生地可以決定，且知迦維羅衛必須再在其西若干里矣。顧中國遊僧紀事互異，各地考定遂無一致，V. A. Smith 氏有言『法顯所到勝地玄奘幾全見之，且增加數處，然其紀載實質彼此大殊，頗令人難信兩家是同寫一地也。』職是之故，氏遂斷定法顯所到之迦維羅衛當今 Piprava 在 Padaria 西南九哩，玄奘所到者當今 Tilaura Kot 在其西北十四哩。」(op. cit. p. 18 ff.) 按顯師記迦維羅衛在舍衛東南約十三由延，七哩當一由延，則約今九十哩；奘師記東南五百餘里，一哩當六里，亦約今九十哩，彼此計程並無大差，不過記事一從略一特詳耳。若此記論民園在城東五十里，彼記城南之東南三十餘里爲箭泉，箭泉東北八九十里爲臘伐尼林，核以數理亦非絕不相容者。舍此而外，余確未見有所謂大殊之處，Smith 氏遽謂二師所到，非同一地，實所未喻。又據中國之旅行家，Padaria 村在英東經八十三度二十分，北緯二十七度二十九分。丁謙引恆河攷以迦維

羅衛爲哥祿普爾城 (Gorakhpur)，與近說不符。

宋書有天竺迦毗黎國，丁謙攷證云「迦毗黎佛國記作嘉維羅衛」，證雖不誤，但本記實作迦維，作嘉維者乃梁書耳。交廣印度兩道考（九一頁）云「迦毗黎爲中國人恆河之別名，非 Kapilavastu 也」，據余所見，以迦毗黎爲恆河別名者，實始通典一九三之「都臨恆河，一名迦毗黎河」。然安知非河以地名？伯氏必謂迦毗黎國非 Kapilavastu，不知果何據也。

從佛生處東行五由延，至藍莫國。(Râmagrâma)

藍莫，漢魏本誤藍草。西域記刼羅伐窣堵東行二百餘里至藍摩國，漢西域圖考七云「卽佛國記之藍莫國」是也。其今地尙未能確考。

從此東行十九由延，到拘夷那竭城 (Kuśinagara)，城北爲希連河。(Hiranyavati)

拘夷那竭之梵名，又作 Kuśinagarî, Kuśanagara, Kuśigrâmaka，或 Kuśinarâ。支僧載外國事作拘私那竭國，增壹阿含經作拘夷國或拘尸城，長阿含經作拘夷那竭城或拘尸那竭城，涅槃經作拘尸那，西域記稱拘尸那揭羅國。玄應一切經音義云「舊經中或作拘夷那竭，又作究施城那（城那二字當是誤倒）者，以梵言那伽囉，此云城也，譯言上茅城者，多有好茅故也」按西域記矩奢揭羅補羅，注云唐言上茅宮城，此以拘夷那竭爲上茅城，或因梵名亦作 Kuśanagara（kuśa 上茅也）而云然耶？義淨又作俱尸國（西域高僧傳大乘燈傳）或作俱尸那（內法傳第三十章）。慧超往五天竺國傳箋釋云「維遜（Wilson）氏始以迦西亞（Kasia）邑爲此國都城遺址，此邑在今額拉布爾（Górakpúr）河東正三十五英里，乾（Cunningham）氏云釋迦寂滅之所，殆今摩陀格爾哥特（Mata-Kuarka-Kot）（故皇子城）在安路特華（Anurudhwa）邑西北乾度渠之西」V. A. Smith 氏則謂應在廓爾喀 Kathmandu 都城東可三十哩，今倘未發見云。

水經注引支僧載外國事云「佛泥洹後，……送出王宮，渡一小水，水名醯蘭那，去王宮可三里許，」醯蘭那即希運之異譯，羅什譯觀佛三昧經作熙運河，西域記六作阿恃多伐底（Ajitavati）云：「城西北三四里渡阿恃多伐底河，唐言無勝，此世共稱耳，舊云阿利羅跋提河，訛也。舊（典？）

言謂之尸賴拏伐底河，譯曰有金河，」漢西域圖考七云「按此即佛國記之希連河，恆流支水。」玄應一切經音義二云「阿利羅跋提河，泥洹經作熙連河，皆訛也，正言阿刺拏伐底河，阿刺拏此譯云金伐底此言有名爲有金河，阿音許梨反刺音力曷反。」按阿恃多伐底似即長阿含經之阿夷羅婆(跋)提河，婆沙論作阿氏羅筏底河，殑迦四眷屬之一也。慧超往五天竺國傳箋釋云「希連禪與尸賴拏伐底同音異字。」Beal 氏云「佛所行讚經稱拘夷那竭臨近希連河，則此河必即 Little Ganḍaki 河或其支流之一，其經流屢有轉徙也。」(op. cit. p. 32 n. 85) 翻譯名義集引「章安云相傳熙連祇是跋提，今言不爾，跋提大熙連小，或言廣四丈或八丈，在城北，跋提量在城南相去百里，」其說似以跋提爲正流而熙連爲支流也。

水經注一引法顯傳作希連禪河，明朱謀㙔箋云：「觀佛三昧經作熙連河，佛國記作希連禪河，佛本行經作尼連禪河，法顯傳無禪字。」按胡跋云「此書舊名法顯傳，據宋僧跋語，當名佛國記，隋志佛國記一卷，自在地理部，跋語定不足憑。但法顯傳原有兩種，其一種二卷者已亡，其一種祇一卷，則今書是也；傳尾有晉人記云，先所略者勸令詳載，顯復具叙始末，應是一卷者後出詳備，二卷者遂廢不行耳。梁釋慧皎云，顯遊履諸國，別有大傳，此書正當名法顯大傳以別之。」是本記自宋以來，已兼有佛國記，法顯傳二名，卽使謂隋志之佛國記，與水經注引之法顯傳，原非一本，又竺法維亦有佛國記，見通典所引，但除本記而外，其他久已亡佚。若謂法顯傳是指高僧傳中之分傳，則今本僧傳幷未說及此河。朱謀㙔與胡震亨同爲萬歷中人，斷未必別見古本，乃箋中一稱佛國記有禪字，一稱法顯傳無禪字，所謂佛國記，豈指今釋藏本耶？此間無藏本參校，聊附所疑以待考。（按近刊學院本亦祇稱希連河。）若水經注」所引釋氏西域記「尼連水南流恆水，」其水在迦耶城，正當大唐西域記之尼連禪河，名雖相似，實非同一，佛本行經之尼連禪河，諒亦此河，朱引誤也。

慧皎所謂大傳，度必與記傳同義，如同卷曇無竭傳「所歷事跡，別有記傳，」又寶雲傳「其遊履外國，別有記傳。」）非必原書之署題，震亨謂當名大傳，失之過泥。考顯師自撰書之著錄，今可考者，最先爲梁僧祐出三藏記集，稱佛遊天竺記一卷，闕名（隋以前作品）像記云「梁武帝天監元年正月八日，夢檀像入國，內發詔往迎像，按佛遊天竺記及優塡王經云，佛上忉利天一夏，爲母說法，」（據藝文類聚七六，唐道宣集神洲三寶感通錄四所記，大致相同。）今本佛國記稱「有國名僧迦施，佛上忉利天三月，爲母說法來下處，」此佛遊天竺記卽佛國記之證也。次爲隋費長房之開皇三寶錄，稱歷遊天竺記傳一卷（亦據開元錄傳引，謂『亦云法顯傳，法顯自撰述往來天竺事』云，）按此兩名甚相近，不過費錄多一傳字耳。祐錄之書，智昇未見，而兩錄所著錄之顯師撰記，各祇一種，其爲同書，毫無疑義，開元錄分列兩條，則過於愼重也。稍後於僧祐者爲水經注，內引法顯傳多條，文同今記，是北方對於本記，早別有法顯傳之稱，此費錄所以謂亦云法顯傳也。唐初，修隋志，無遊天竺記之書，惟地理部有佛國記，特書沙門釋法顯撰，佛國卽天竺，則其書卽祐錄、費錄所收者亦無疑。同志雜傳部，又著錄法顯傳二卷，法顯行傳一卷，均闕撰人；其中一卷者，似卽佛國記之複出，蓋行傳義卽遊記，且卷數亦相同也。其二卷一種，由今各家所引遺文推之（見義熙六年下），或是別人演撰之小說，如今西遊記之類。胡氏泥於部別，謂本記不應入地理，然如隋志地理所著錄之述征記等，何嘗非遊記體裁、況全志中題法顯撰者祇此一種，胡氏果何據而謂今記非佛國記耶？夫後出詳備，卷數應比略者較增，理之常也，今胡氏謂二卷者爲先出略本，一卷者爲後出詳本，寧非逆事勢而悖理論？法苑珠林一一九云「歷遊天竺記傳一卷右東晉平陽沙門釋法顯撰。」丁國鈞補晉書藝文志云「遊歷（按應作歷遊）天竺記一卷……或即佛國記之異名也。」蓋唐人引本記仍多沿梁代稱謂，如後漢書西域傳注作「釋法顯遊天竺記」，或「天竺國記」，通典一七四及西戎總序均作「法明遊天竺記」（法明卽法顯原注「國諱改焉」）宋僧跋語不過根據隋志近刻學院本題歷遊天竺記傳，亦不過根據費錄。以余所見此記標署，仍當從祐錄最古之名爲合。慧皎之書猶在僧祐後也。

按記文自在龍精舍夏坐以後至未歸國以前安居節不復特書，故分年記事，益難臆定。考顯師旅行由長安至中印需時六載，實較他人爲特緩，而沿途攬勝亦其一因，矧志切瞻仰之有年，一旦得遊聖區，耳目所接，均爲名蹟，固當有留連不忍去者。計自上文離僧迦施起，迄下復還巴連弗止，里程可考，得百五十由延已上，以顯師行程之慢，斷非本年解安居後數月間可以畢事。茲故將後半程移入義熙元年，明知強爲分畫，事屬武斷，然如此則恰符記文「停六年」之數，準之事理，要未爲不合也。

義熙元年，乙巳（弘始七——四〇五），從此東南行十二由延，到諸梨車欲逐佛般泥洹處。

梨車即 Lichhavis 或 Licchavis 之音譯，長阿含經云「毘舍離諸隸車輩」，隸音轉，又云，「毘舍離國離車民衆」，梨離異寫，雙卷大般涅槃經作「維耶國諸離昌」，車昌音轉也。Beal氏云「由 Sāñchi 刻像觀之，梨車之面貌顯是北族，如頭髮、巾帽、樂器等，與龜茲同，巴利藏及北竺佛典均言其俗以淺彩色服飾見異，凡此佐證，梨車似即月氏之一支也。」（op. cit. p. 67 n.）又云「弗栗恃國（Vrijjis or Samvrijjis）者，弗栗恃種人八族組合之聯邦也，其一即住落於毗舍離之梨車。政體共和，乃古代占領印度此部之北族所組合，後被摩竭提阿闍世王擊退之。」（op. cit. p. 77 n.）

諸者衆數也，記文言諸梨車者二；一則此文，一則敍阿難般泥洹事（見下引水經注。）西域記七云「栗呫婆子，舊曰離車子，訛也，……諸栗呫婆子聞佛將入寂滅，相從號送，世尊既見哀慕，非言可喻，即以神力化作大河，崖岸深絕，波流迅急，諸栗呫婆悲慟以止，即此文所謂欲逐佛般泥洹也。翻譯名義集云：「離車，……又云邊地主又云傳集國政，其國義讓五百長者遞爲國主，故云傳集國政，出外爲邊地主又云邊夷無所知者。」漢西域圖考七云：「從此東南行十二里由延到諸梨車，」以爲地名，誤矣。朱本水經注一云：「阿難從摩竭國向毗舍離，欲般泥洹，諸天告阿闍世王，王返至河上，毗舍離諸梨車聞阿難來，亦復來迎，俱到河上，阿難思惟，前則阿闍世王致恨，卻則梨車復怨，卽於中河入火光三昧燒身而般泥洹，」此是節錄記文，原自不誤；記以毗舍離冠諸梨車之上者，承上「向毗舍離」而言，設删去毗舍離三字，則人不復知爲毗舍離各王，而文義轉晦矣。顧四庫本水經注校勘記云：「案此句下（王返至河上句）近刻有毗舍離諸四字，乃衍文，」以必不可删之四字而謂是衍文，已屬可笑。又云：「案具兩近刻訛作身而，」按記上文有云，「世尊北首而般泥洹，」此云「三昧燒身而般泥洹，」文法相同，爲義甚顯；西域記七載此事云：「卽入寂滅，化火焚骸，」焚骸亦燒身也。考「燒身」一辭，爲六朝間流行典語，高僧傳賢護傳，「遺言使燒身，」法羽傳「入道多方，何必燒身，」慧紹傳，「隨要止臨川招提寺，迺密有燒身之意，」僧瑜傳，「於是屢發言誓，始契燒身，」法光傳，「後誓志燒身，迺服松膏及飲油，」「時永明末始豐，縣有比邱法存亦燒身供養，」曇宏傳，「宏於是日復入谷燒身，」僧生傳，「吾將去矣，於後可爲燒身，」又忘身傳論云「是故羅漢死後佛許燒身，」此之爲名，并非艱僻，必謂應作具兩不知作何解法，蓋修書諸臣不學無術，不知參校羣本，旁證他書，而一惟以永樂大典所收者爲萬全無誤，多見其眼光如豆而已。

唐智昇開元釋教錄云：「……到師子國……時正當晉義熙元年，」以顯師到師子國爲義熙元年，按諸記文，絕不可信，翻譯名義集云，「法熙……義返元年歲次乙巳汎海而返，揚都譯經，」卽承此錄之誤。

又東行五由延，到毗舍離國。(Vaisliā or Vesâli)

毗舍離國名見增壹阿含經，普曜經，乳光佛經（俱竺法護出）作維耶離國，支僧載外國事云，「維耶離國去王舍城五十由延，城周員三由旬，」大灌頂經（東晉元帝時出）作維耶，水經注引釋氏西域志云「毗舍利，維耶離國也，」十二遊經云「維耶離國者晉言廣大，一名度生死，」羅什譯大金色孔雀咒經作毗舍羅國，智猛遊外國傳作毗耶離國，西域記作吠舍釐國，云『舊曰毗舍離國，訛也』玄應一切經音義四云「維耶或言毗耶離，或言毗舍離，皆訛也正言鞞奢隸夜城，在東印度境殑伽河北也或言中印度境。」西域高僧傳作薜舍離。

西域記七云「從此（戰主國）東北渡殑伽河，行百四五十里，至吠舍釐國。」Beal氏云「玄奘必是渡 Gaṇḍak河非渡殑伽河也。此河逕流距 Degwâra 減十二哩，其地大約卽婆羅門窣堵波（Droṇa stupa）之故址，故吠舍釐國當在 Gaṇḍak河東，經 Cunningham 氏考定爲今之 Besârh 村，厥地有廢壘一所，尙稱 Râja-Bisal-ka-garh，猶云吠舍釐王壘也。位 Degwâra 之北北東剛二十三哩。吠舍釐者大約卽弗栗恃種人之首邑或要城，其人本北族，古代已占有印度此部（卽自雪山麓南至殑伽西起Gaṇḍak 河，東至 Mahânadi河也。）時期雖不可確知，但總當與佛典之結集同時矣。」(op. cit. p. 66 n. 67) 按Besârh亦作Basar，在北Behar部Muzaffarpur區。往五天竺國傳箋釋謂此地須 (Spooner)氏已掘開證之。

從此東行四由延，到五河合口。

朱本水經注一云『恆水又東至五河合口，蓋五水所會，非所詳矣。』四庫本删合字，非也。印度稱五河者有二，一指印度河上流，在今 Punjab 省。

度河南下一由延，到摩竭提國(Magadha) 巴連弗邑。(Pâtaliputra or Pâtaliputta)

摩竭提國，名見吳譯瑞應本起經，三國失譯有摩竭王經，大智度論作摩伽陁，西域記作摩揭陁云，「舊曰摩伽陁，又曰摩竭提，皆訛也。」華嚴經音義一云，「摩竭提者，或云摩伽陀，或云摩揭陀，或云墨竭提，此之多名，由依入轉聲勢呼名致異，然其意義大略不殊。或有釋云，摩者不也，竭提至也，其國將謀兵勇，鄰敵不能侵至也。又有云，摩遍也，竭提聰慧也，言聰慧之人遍其國內也。又有云，摩大也，竭提體也，謂五印度中此國最大，統攝諸國，故名大體也。又釋云，摩無也，竭提害也，言此國法不行刑戮，其有犯死罪者，送置寒林耳。」Thomas氏云「佛之故居在今南Behar 部，榜葛剌之西而殑伽河之南也。此地為摩竭提國，都曰王舍城，其東則為鴦伽(Anga) 首邑曰瞻波。其北而處殑伽河之彼岸者為弗栗恃種，要城曰毗舍離，再北則為末羅(Mallas)。其西則為迦尸，首邑曰波羅捺，地臨殑伽。拘薩羅王國(都舍衛城)則自迦尸以北，達於喜馬拉亞，其北界有釋種住落，釋種之東隣則 Kóliyas 也。凡上所舉，皆是族稱，若以鴦伽摩竭，用作國名，斯爲誤矣。迄西元前六世紀，拘薩羅與摩竭提由部落組織進展爲兩大王國，前者併呑迦尸，後者併呑鴦伽也。」(op. cit. p. 13)

巴連弗名見育王傳，希臘人稱曰 Palibothra，卽今 Patna；支僧載外國事作播黎越國，道安西域志作波麗越國。羅什譯大金色孔雀王經有弗波多利弗國及波多利弗多羅國，均 Pataliputra 之對譯，弗波之弗字乃衍文也（義淨譯同本作波吒梨子或波吒離國，不空作波吒離子。）大悲經作波離弗城，水經注作波麗，西域記作波吒釐子城，云『昔者人壽無量歲時，號拘蘇摩補羅城（唐言香花宮城），王宮多花，故以名焉，逮乎人壽數千歲，更名波釐吒子城，舊曰巴連弗邑，訛也。』高僧傳三智猛後至華氏國，卽指此城，乃 Vajjis （卽弗栗恃人）之音譯。

西域記八云，「香花舊城遷都此邑，由彼子故，神爲築城，自爾之後，國名波吒釐子城焉。」Beal氏云，「由此觀之，似拘蘇摩補羅 (Kusumapura) 與波吒釐子非爲同地。考阿闍世王時，國都爲王舍，修固波吒釐子者亦卽其人，但下文又稱阿輸迦王自王舍遷都波吒釐子，且謂是頻毗娑羅王之曾孫，是即阿闍世王之孫也。Vayu Purāṇa 則謂拘蘇摩補羅或波遷釐子爲阿闍世王之孫 Udayāśva 王所建，Mahâwanso 又謂 Udaya 爲阿闍世王之子。」(op. cit. p. 85 n.)
按同記五羯若鞠闍舊王城亦稱拘蘇磨補羅(引見上文闍饒夷釋地，)是有此名者初非一地，況同記九又云，「上茅宮城，摩揭陁國之正中，古先君王之所都，多出勝上吉祥香茅，……羯尼迦樹遍諸蹊徑，花含殊馥。」則所謂「香花舊城，」似指上茅宮城，香花亦許是香茅之誤，Beal 氏之疑，殆未然矣。

朱本水經注一云『凡諸中國，惟此城爲大，』乃引顯師記文中國之義見前，四庫本竟云『桒原本及近刻並訛作中國，今改正，』則幷永樂大典之不誤者而亦臆改之矣！

從此東南行九由延，至一小孤石山。

記文云『山頭有石室，石室南向，佛坐其中，……帝釋以四十二事問佛，一一以指畫石，畫跡故在，』按此即西域記九之因陁羅勢羅窶訶山(Indraśailaguhā)也；彼記云「唐言帝釋窟也，其山巖谷查冥，花林蓊鬱，嶺有兩峯，岌然特起，西峯南巖間有大石室，廣而不高，昔如來常於中止時，天帝釋以四十二疑事畫石請問佛，佛為演釋，其猶迹在」其山在王舍城東北，與此記符。小孤石山經、Cunningham氏考訂為此山之西峯，其山嶺北支自伽耶附近延伸於 Pañchāna 河岸，長約三十六哩，尾突起二高峯而止，西邊較高者曰 Giryek，卽所謂小孤石山也。（Beal, op. cit. p. 180 n. 122)

從此西南行一由延，到那羅聚落。

記文云「是舍利弗本生村，舍利弗還於此村中般泥洹，」由此再西行一由延為王舍城，則其地在王舍城東，卽蓱沙王舊城或上茅宮城東北（因王舍城南數里至蓱沙王舊城，）西域記九云：「伏醉象東北有窣堵波，是舍利子聞阿溼婆恃苾芻說法證果之處，」伏醉象窣堵波在宮城北門外，則舍利子（Śāriputra）證果處亦在上茅宮城東北，寂滅證果事雖不同，而方向固合也。

Beal氏謂那羅卽西域記九之迦羅臂拏迦邑（Kalapinaka）學院本註（二七）云「西域記九作迦羅臂拏迦邑，是舍利子本生及寂滅處，有無憂王所建窣堵波，同此」蓋本Beal氏之說，但考那羅在帝釋窟西南一由延，迦羅臂拏迦則在帝釋窟西北三十餘里（因記言迦羅臂拏迦東南四五里爲舍利子門人窣堵波，又東行三十餘里至帝釋窟）兩地方向并不相同，故事容有誤傳，對音亦非脗合，Beal氏之證終未敢信爲確切也。

從此西行一由延，到王舍新城。(Rājagriha or Rājagaha)

漢失譯有舍利曰在王舍國經，漢康孟詳譯與起行經作羅閱祇國，亦省稱羅閱，支僧載外國事作羅閱祇瓶沙國，增壹阿含經十一音義（撰人未詳）云「羅閱城梵語具云羅閱祇伽羅，此云王舍城。」迦留陀伽譯十二遊經云：「羅閱祇城者晉言王舍城。」唐玄應一切經音義三云：「羅閱以拙反，案阿闍世王經云羅閱祇晉言王舍城，似應訛也，言王（似是正言之訛）羅閱揭梨醯羅閱義是料理，以王代之，謂能料理人民也，揭梨醯此云舍，中總名王舍城，在摩伽陀國中城名也。」其他卽今Rajgir，在 Behar 西南十六哩。顯師記云「新城者是阿闍世王所造。」西域記九云，「至曷羅闍姞利呬城，唐言王舍，……初頻毗娑羅王都在上茆宮城也，……王宮中先自失火，謂諸臣曰，我其遷矣，……乃建城邑，以王先舍於此，故稱王舍城也。……或云至未生怨王（按卽阿闍世王）乃築此城，未生怨太子既嗣王位，因遂都之。」

高僧傳三法顯傳云:「去王舍城三十餘里有一寺,逼暝過之」後叙遇師子(見下引王謨跋)及遇伽葉弟子事今本佛國記均不載。

出城南四里,南向入谷至蓱沙王舊城。(Kuśāgārapura)

蓱沙即 Bimbisāra 之略音,與佛同時,吳支謙譯蓱沙王五願經,開元錄云:「或作瓶字,一名弗沙迦王經,見長房錄,」同人譯瑞應本起經又作缾沙王,晉西無羅叉放光般若經作蓱沙王,西晉法炬譯作頻毗婆(娑?)羅王,亦云頻婆(娑?),釋嵩公(或云高公)譯作萍沙王,亦名弗沙王,增壹阿含經作頻婆娑羅王,四分律作瓶沙王,玄應一切經音義十四云:「瓶沙王,此言訛也,正言頻婆娑羅,云形牢,是摩伽陀國王作(疑是名字之誤),」又卷五云「頻毗此譯云顏色,娑羅此云端正,或言萍沙王,或言頻婆娑羅,此云色像殊妙,其義一也。」朱謀㙔水經注箋云:「前云瓶沙,此云蓱沙,不知是一是二,」按蓱即萍字,今唐宋、漢魏、學津、學院四本及朱本水經注均誤蓱,字書無蓱字,玆從四庫本水經注改正。

蓱沙王舊城者即矩奢揭羅補羅城,亦即上文之上茅宮城也,亦稱 Girivraja 或 Giribbaja,義云山邊，其城爲五山所環邊也。

入谷搏山東南上十五里，到耆闍崛山（Gṛdhakūta）停止一宿。

搏、唐宋、漢魏、學津、學院及朱本水經注均同，惟四庫本水經注作傅。慧琳一切經音義一百云「搏山奔莫反」，其下不附釋義，桉記下文又云『搏山亦有諸羅漢坐禪石窟甚多』，此搏字含「周繞」之意。愚謂似作搏爲近，說文搏圜也。

耆闍崛山、晉法護有耆闍崛山解，支讖譯首楞嚴經作靈鳥頂山，佛說心明經作靈鳥山，密跡金剛力士經作靈鷲山，東晉支曇諦（康居人，永和三年丁未—義熙七年辛亥）靈鳥山銘序曰『昔如來遊王舍城，憩靈鳥山，舊云其山峯似鳥而威靈，故以爲名焉。衆美咸歸，壯麗畢備』（見御覽五十）通典西戎總序下作鳥山銘，誤也。西域記作姞栗陁羅矩吒山，云「宮城東北行十四五里，至姞栗陁羅矩吒山，唐言鷲峯，亦謂鷲臺，舊曰耆闍崛山，訛也」，顯師稱東南上者，就新城而言，宮城在新城南，故曰東北也。大唐西域高僧傳作鷲峯山。佛典中往往以此山爲王舍城環近五山之一，故記文謂是五山之最高也。山在今 Sailagiri，紀昀閱微草堂筆記謂靈鷲山在拔達克山，大誤。

王謨佛國記跋云「至高僧傳記顯欲詣耆闍崛山寺僧諫曰，路甚艱阻，多黑獅子，亟經噉人，何由可至。顯曰，遠涉數萬里，誓到靈鷲，雖有險難，吾不懼也。既至，果有三黑獅子來，舐唇搖尾，顯誦經不輟，獅子乃低頭下尾，伏顯足前，良久乃去。而今記文但言有山榛木茂盛，又多獅子虎狼，不可妄行，顯因還向巴連弗邑，不著此事，豈以道行清高，故不欲自表暴耶？」按記下文有云「從此南三里行，到一山名鷄足，大迦葉今在此山中，劈山下入，入處不容人下，入極遠有旁孔，迦葉全身在此中住。……此山中卽日故有諸羅漢住，彼方諸國道人年年往供養迦葉，心濃至者夜卽有羅漢來共言論，釋其疑已，忽然不現。此山榛木茂盛，又多獅子虎狼，不可妄行。」是所謂迦葉、獅子及榛木茂盛者，均鷄足山之事；蓋當時人物心儀顯師爲人，以訛傳訛，或故神其事，於是有却獅子遇佛徒之說，正如奘師卓行而後人爲著西遊記也。王跋對於鷲嶺、鷄足既分別不清，又謂顯師不欲自暴，尤淺之乎視顯師矣。

還向新城，從此西行四由延，到伽耶城。(Buddha Gayâ)

全校水經注一改耶爲那，趙戴又改迦那，非也。此爲佛證正覺之所，與西域記八之伽耶城不同，故今稱彼處爲 Brahma-Gayâ 以別之。

南行三里爲雞足山 (Kukkuṭapâdagiri)

西域記九云「莫訶河東入大林，野行百餘里，至屈屈（居勿反）吒播陀山（唐言雞足，）亦謂窶盧播陀山（唐言尊足，）(Gurupâdâḥ giri)」Beal氏云「pâda者表敬之附詞。名曰雞足，意取其形似，以三峯或三脊類雞足也。法顯謂在伽耶南三里，大約是東三由延之誤。經 Cunningham 氏考定爲今 Kurkihâr 鎮北北東三哩之 Murali 山其中央最高峯尚有殘磚環繞方基云。」(op. cit. p. 142,144 n.)

義淨西域高僧傳亦省稱雞嶺，或稱尊足嶺，傳云『此（那爛陀）寺……西南向大覺，正南尊足山，並可七驛。』

還向巴連弗邑，順恆水西下十由延，得曠野精舍。(Aṭavi vihâra)

按恆水東流，此作西下，驗之今地，殊嫌不順，應作西行，或西上較協，且下文又云順恆水東下也。竺法護譯經有曠野國，十誦律作阿羅毗國，五分律作阿荼毗邑。烈維氏據巴利藏自舍衞越王舍城時路經 Aṭavī，因謂其地應在舍衛東南，又引根本說一切有部毗奈耶卷四十七頻毗娑羅王部將討平摩揭陀憍薩羅間之曠野羣盜後建曠野城云。Beal氏云「阿避陁羯刺拏僧伽藍，據西域記所言距戰主國（卽今 Ghazipur）之遠近方向，似在今 Baliya 地方，其東約一哩所有村名 Bikapur，Cunningham 氏以爲或是 Aviddhakarṇapura 之殘語也。此僧伽藍似卽法顯所謂曠野精舍。」(op. cit. p. 62 n. 52) 學院本注（三三）則以爲卽西域記卷七戰主國之曠野。按西域記云「從此（婆羅痆斯國）順殑伽河流，東行三百餘里至戰主國，……大城東行二百餘里至阿避陁羯刺拏僧伽藍，……阿避陁羯刺拏伽藍東南行百餘里，南渡殑伽河，至摩訶娑羅邑，……殑伽河北有那羅延天祠，……那羅延天祠東行三十餘里有窣堵波…………昔於此處有曠野鬼，……」是婆羅痆斯東行五百餘里至阿避陁羯刺拏伽藍，與顯師記曠野精舍西行十二由延（一由延等於四十里）到波羅捺城大致相合，若西域記之曠野更在此伽藍東南百餘里，似以 Beal 氏之說爲優也。

復順恆水西行十二由延，到伽尸國 (Kâsi or Kâsis) 波羅捺城。(Vârânais

or Bânâras)

迦尸國，見增壹阿含經通典一九三引扶南傳作伽尸國，云「舍衛國隸屬天竺伽尸國，一名波羅柰國，亦名皮波羅柰斯國」（皮字疑衍）按迦尸被併見上拘薩羅釋地，此云舍衛屬伽尸，或即因此。僧祇律云「有城名波羅柰國名伽尸。」華嚴經音義云「迦尸者西域竹名也，其竹堪爲箭幹，然以其國多出此竹，故立斯名，其國卽在中天竺境憍薩羅國之比鄰，乃是十六大國之一數也。

波羅捺，水經注引作奈，又引竺法維云，「波羅奈國在迦維羅衛國南千二百里，中間有恆水東南流」（通典引作千四百八十里。）波羅柰國見後漢失譯大方便佛報恩經，十二遊經云「波羅柰國者晉言鹿野，一名諸佛國」，按鹿野特城中一地，非卽其別稱也。支僧載外國事云「彌勒佛當生波羅奈國，是尼陀羅經所說在迦維羅越南。」道安西域志作波羅奈斯，云「波羅奈（作柰或祭者誤）斯國佛轉法輪處在此國也。」婆須密集序作槃奈國，羅什譯大金色孔雀王經作婆（原誤娑）羅那國，（不空譯同本作婆羅挐斯國。）西域記作婆羅痆斯國，云「舊曰波羅柰國，訛也。」玄應一切經音義二十二云，「婆羅痆斯，女黠反，或云婆羅捺斯，又作波羅奈，同一也；舊譯云江遶城也。」北魏京師突厥寺碑「轉法輪於㮈國，」則㮈國亦波羅柰異名。宋書有婆黎國，丁謙考證云，「即佛國記波羅柰，」按梁書有婆利，說者謂即今爪哇東之 Bali，其國亦事佛道，余甚疑黎利字異，終不敢信丁說無誤也。Beal氏云，「Vârânasi 者乃 Bânâras 之梵名，因其地介居殑伽兩支水 Varaṇâ 及 Asi（或Asi）之間，故名。」(op. cit. p. 44 n.)

城東北十里許，得仙人鹿野苑（Mṛigadâva）精舍。

鹿野苑、名見四十二章經，常省稱鹿苑，西域高僧傳云，「此（那爛陀）寺……西瞻鹿苑二十餘驛，」亦稱鹿園，傳又云「所在欽誠，入鹿園而跨雞嶺，」是也。Beal 氏謂即今 Sârnâth 或 Sâranganâtha，按 Sârnath 在 Banares 北三哩半。

自鹿野苑精舍西北行十三由延，到拘睒彌國（Kauśâmbi）。

拘睒彌、名見師子月佛本生經，（長房等錄稱竺法護出，開元錄謂似秦譯）支載外國事作拘宋，婆羅什譯大金色孔雀王經作高苂毗國，（義淨譯同本作憍閃毗國，不空作憍閃彌國。）雜阿含經作拘睒彌鞞國，齊譯摩耶經作俱睒彌。西域記作憍賞彌國，云「舊曰拘睒彌國，訛也。」Beal氏云，「此國經 Cunningham 氏考定爲Kosâmbi-nagar，乃捕那河上一古村，去 Allahâbad約三十哩。」(op. cit. p. 235n. 63) 丁謙考證云「拘睒彌，西域記作憍賞彌，其國在鉢邏耶(耶)伽西南五百餘里……考鉢邏那(耶)伽卽今阿拉哈巴城，恭氏(按卽 Cunningham)謂在城西稍六七十里，與記言五百里顯然不合，詳核地望當在賓內(按卽 Panna)城境。」藥叉名錄輿地考云「考 Kauśâmbi爲昔日婆蹉(Vatsa)諸王之名都優塡(Udayâna)(此言出受)王君臨之地，今在 Allahabad之西北五十公里 Jumna水上，卽今之Kosan 是已。」Thomas 氏云「拘睒彌乃婆蹉(Vaṃsas or Vatsas)諸王之都，恭氏認爲捕那河上Kosam兩村，在 Allahabad 西可九十哩，Saṃyutta 位之於殑伽流域，顯不可信。V. A. Smith 氏則謂地應再南，當今 Baghelkhand 部各州之一也。」(op. cit. p. 15) 按諸家所引恭氏說道里方向頗不一致；西域記云從鉢邏耶伽西南行至憍賞彌，則藥叉名錄之「西北」，顯是筆誤。五十公哩約與三十哩相當，以比九十哩，其差太遠，如 Thomas氏所引不誤，則九十哩略等於五百餘里，且對音甚近，恭氏之證，應爲不謬。若如 Beal 氏兩家言距離 Allahabad 祇三十哩，則誠當求之於再南之地矣。

從此南行二百由延，有達嚫國，(Dakshina, Deccan) 以道路艱難未往。

記云「有國名達嚫，是過去迦葉佛僧伽藍，穿大石山作之………因名此寺爲波羅越，波羅越者天竺名鴿也。」Beal氏云「此僧伽藍見西域記卷十，大約卽供奉波羅越 (Pârvatî ——法顯翻爲「鴿」，鴿作 Parâvata，音相類也。) 或旃茶 (Chandâ) 者，在今達嚫之 Chanda 區。娑多婆漢那王 (Sadvaha——據內法傳譯名) 爲龍猛 (Nâgâryuna) 之友，似與 Vayu-Purâna之 Sindhuka (乘土?) 同是一人，內法傳謂名市寅得迦也。」(op. cit. p. LXVIII n. 83) 氏又云「西域記十跋邏末羅耆釐山之還原似應作 Brahmaragiri，Brahmara 者 Durgâ 或旃茶之別稱，法顯所謂波羅越，定是指 Pârvatî，故與 Brahmara 相當矣。」(op. cit. p, 214 n. 80) 學院本註(三六)云西域記十云：憍薩羅國西南三百餘里跋羅末羅耆山，有五層伽藍，傳是引正王爲龍猛菩薩鑿山建立，與此微異。」按顯師此節自謂「承彼土人言，故說之」

道里（三百由延）名稱宜未得實矣。

達嚫，內典有兩義：一爲地名，卽 Deccan，南印度也，梵文 Dakshina，南也，唐道宣釋迦方志云：「達嚫以南水注南海，」又云「後漢獻帝建元?十年，秦州刺史遣成光子從鳥鼠山鉄橋而入，窮於達嚫，旋歸之日還踐前途，自出別傳」（按建元亦可作改元解，否則是建安之誤，）是也。一訓財施，增壹阿含九音釋云「噠嚫、梵語也，亦云檀嚫，此云財施，噠唐割切，嚫、初覲切。」嚫字亦從貝或從手，西域記云：『正云達嚫拏者右也，或云馱器尼，以用右手受人所施，爲其生福故，』內法傳云：『梵云陀那鉢底，譯爲施主，陀那是施，鉢底是主，而云檀越者本非正譯，……舊云達嚫者訛也，』此皆施之義也。內法傳又云：『特崎拏卽是其右，……故時人名右手爲特崎拏手，……或特欹拏，目其施義，與此不同，如前已述西國五天皆名東方爲前方，南爲右方，亦不可依斯以論左右，』是則義本訓右，由右而假義爲南，又因右手施而假義爲施也。

從波羅捺國東行，還到巴連弗邑，於摩訶衍（Mahâyâna）僧伽藍得摩訶僧祇（Mahâsanghika）衆律一部，復得薩婆多（Sarvâstivâda）衆律一部，可七千偈(Gâthâ)，復於此衆中得雜阿毗曇心(Samyaktâbhidharma-hṛdaya Sâstra)，可六千偈，又得一部綖經(NirvânaSûtra)二千五百偈，又優婆塞(upâsaka)伽羅先爲寫大般泥洹經(Mahâ-Parinirvâṇa Sûtra——即方等般泥洹經 Vâipulya-parinirvâṇa Sûtra)一卷，可五千偈，又得摩訶僧祇阿毗曇(Abhidharma)。故住此三年，學梵書梵語寫律。

我國人算年不定，拘足數，顯師之還巴連弗邑，照在本年抑明年，無可確考，然計至義熙四年，均得謂之住三年也。茲則附之本年，揆諸事理，似爲更協。

摩訶衍猶云大乘，即謂習學大乘之伽藍也。高僧傳作阿育王塔南天王寺。摩訶僧祇，翻譯名義集云：「此云大衆，大集云廣博徧覽五部經書，是故名爲摩訶僧祇」，乃佛教兩大派之一。高僧傳云：「摩訶僧祇部及彌沙塞部，並法顯得梵本，佛馱跋陀羅譯出僧祇律，佛馱什譯出彌沙塞部，即五分律也。」

薩婆多亦稱說一切有部，乃上坐部（佛教兩大派）之一支。

阿毗曇或云阿毗達磨，亦翻爲論。道安云「阿毗曇者秦言大法也，」道標云「阿毗曇者秦言無比法也，」慧遠云「管統衆經領其宗會故作者以心爲名焉。」

綖即線，高僧傳作線字。

優婆塞即伊蒲塞，漢章帝詔、「其還贖以助伊蒲塞桑門之盛饌，」漢支曜譯有墮落優婆塞經，魏書釋老志云，「俗人之信憑道法者男曰優婆塞，」周甄鸞笑道論云，「梵言優婆塞此言善信男也，」玄應一切經音義云，「梵言鄔波索迦此云近事謂親近三寶而奉事也，」內法傳謂是創入佛法之基。

唐智昇開元釋教錄云：「此方等泥洹，即六卷大般泥洹經之梵本也，準經後記，名爲方等大般泥洹經，非謂三卷方泥洹也。」詳見後義熙十三年下。

二年，丙午（弘始八——四〇六），住巴連弗邑。

三年，丁未（弘始九——四〇七），住巴連弗邑。

四年、戊申（弘始十——四〇八），住巴連弗邑。

道整樂居天竺，留不歸，顯本心欲令戒律流通漢地，於是獨還。

梁啓超云「梁高僧傳卷一曇摩難提傳稱趙正晚年出家更名道整，……與法顯同遊之道整，當卽其人」按道安鞞婆沙序云『有秘書郎趙政文業者好古索隱之士也，……會建元十九年，……趙郎飢虛在往，求令出焉，』又增一阿含序云『以秦建元二十年來詣長安，……武威太守趙文業求令出焉，』又高僧傳云『正字文業，……年十八爲僞秦著作郎後遷至黃門侍郎武威太守，』綜觀三事，則趙政當建元十九年（太元八年）歲甫二十上下。僧傳又言苻堅死後，正出家遁跡商洛，後爲郄恢逼共同遊，據晉書孝武帝紀、朱序傳及郄恢傳，則恢任雍州刺史，應在太元十四年後，逼政同遊，卽在是時，計至顯師出行之年，猶未四十，但僧傳謂終於襄陽春秋六十餘，記文則道整留竺不歸，事蹟弗合，況同代同名，世所時有，使是同人，僧傳不應無一語及西遊事，故舍名字而外，梁氏之疑，終無其他旁證也。

順恆水東下十八由延，其南岸有瞻波大國。(Champā)

瞻波國見增壹阿含，亦作占波，又作瞻婆，西晉法炬有瞻婆比丘經，水經注引釋氏西域記云「恆曲亦東有瞻婆國。」長阿含經云「所以者何，更有大國，瞻波大國，……」是瞻波固向以大國稱也。Wilson氏云「瞻波或Champâpuri乃鴦伽都城在今 Bhâgalpur 附近。」(Beal, op. cit. p. 191 n.) 丁謙攷證云「瞻波卽唐書瞻博，……恭攷卽孟加拉部科爾岡城，」按科爾岡爲 Kahalgaon（圖作 Kolgong）之對音，恭氏考定爲瞻波城東百四五十里之孤嶼（見西域記十）在 Bhâgalpur 東二十三哩，(Beal, op. cit. p. 192 n.) 丁引誤也。

從此東行近五由延，到多摩梨帝國 (Tâmalitti or Tâmralipti) 卽是海口，顯住此二年，寫經及畫像。

多摩梨帝西域記十作耽摩栗底，卽今之 Tamluk，剛在 Selai 河與屋枝黎河 (Hughli) 合口之上 (Beal, op. cit. p. 200 n. 36)。康泰扶南傳作擔袟，故傳云「發拘利口入大灣中正西北入，可一年（月？）餘得天竺江口，名恆水，江口有國號擔袟，屬天竺」也（水經注一）英人 Cunningham 氏謂是魏略之車離，辨見前元興三年下。水經注舊本引法顯傳亦作多摩梨帝，全趙始改帝作軒；全云，「按軒，諸本誤作帝，以漢書校改，」趙云，「案梨帝，漢書西域傳作梨軒，史記作黎軒，」戴氏依之此則因酈書涉及大秦全趙遂致誤引漢書，然漢書祇曰梨軒，無多摩字樣，全趙亦未之思耳。熊會貞云「酈氏以法顯之多摩梨帝，牽引梨軒，已爲蔓衍，趙戴改梨帝爲梨軒尤誤。」徐松漢書西域傳補注云『梨軒……佛國記作多摩黎軒國，』蓋沿全趙誤改水經注而云然也。水經注疏要刪引俞浩西域考古錄云「古之多摩梨帝，今亦稱底里，所屬葛支港口，古曰擔袟，又云多摩梨帝海口，爲今之孟加剌部之古里噶達，」按底里是 Delhi，葛支是 Cutch，三地如風馬牛之不及也。

宋書有蘇摩黎國，丁謙攷證云『蘇摩黎即佛國記多摩梨帝，』按藥叉名錄與地考云「考十重子讚卷六，恆河口著名之海港耽摩栗底，即在修（明藏作蘇）摩（Suhma）境內，」但 Suhma 一名無黎字尾音，是否待考。丁氏又云「多摩梨帝，……今孟加拉首邑加爾各搭南達蒙德克波爾城也，」按達蒙德克波爾即 Diamond Harbour之對音，丁說非是。

五年己酉（弘始十一—四〇九），住多摩梨帝國。

六年庚戌（弘始十二—四一〇），住多摩梨帝國。

冬初得信風晝夜十四日到師子國。(Sinhala)

自乙巳起至本年離天竺赴師子國止，共六年，與記文『停六年』合。

師子國西域記作僧伽羅國，云「唐言執師子國，」得名之因詳見彼記。此記稱其州「東西五十由延，南北三十由延，」與實狀適相反，今錫蘭島固南北長而東西狹也。

王跋云：「記中歷叙諸國，具有本末次第，宜無脫簡，而白帖引法顯記，有僧尼羅國佛像俯首與人取金珠事，今本佛國記獨無此國。」按僧尼羅不特此記無之，即古帙中亦無此名。考記言師子國「有一青玉像，高二丈許，通身七寶炎光，威相嚴顯，非言所載，右掌中有一無價寶珠，」師子國又名僧迦羅，西域記稱其國有金佛像，俯首授寶，三藏法師傳則稱傴身授珠，僧尼羅蓋即僧迦羅之訛也。白帖此條，度與高僧傳載之刼三黑師子及遇迦葉弟子，同爲出自已佚之法顯傳，若然，則其書直小說之流，即不傳，要於顯師之光烈無損矣。御覽六五七引法顯記云『僧尼羅國王以金等身而鑄像，髻裝寶珠，有盜者以梯取之，像漸高而不及，盜歎其不救衆生，像俯首而與之，後市人擒盜，盜言其事，視像尚俯，王重贖其珠而復裝之，』白帖所引法顯記，當即此段，御覽或亦自白帖轉錄也。

記又稱聽師子國辯說人說，「泥洹已來一千四百九十七年，」由此上推泥洹之歲，應屬周成王末，而誕降之年應屬商帝乙，與上文所謂泥洹後三百許年爲周平王者差三百餘年，然此非記文之自相矛盾也，顯師亦第錄其所聞而已。翻譯名義集云：「又法顯傳云聖出殷世武乙二十六年甲午時生者，」今記無此文，蓋據「泥洹已來一千四百九十七年」一語逆推而得之數。但考今史，武乙在位四祀，無二十六年，由癸亥至丙寅，亦無甲午，其前之甲午，爲祖甲三十二祀，後之甲午，爲帝乙二十五祀，傳文祖乙二十六年甲午，實帝乙二十五年甲午之訛，因自帝乙二十五年甲午起，計至本年義熙六年庚戌止，共一千五百七十七年，減去舊說佛享年八十，其差恰爲一千四百九十七也。至佛生何年，除上帝乙說外，尚不下十說，西域記二云：『自佛涅槃，諸部異議，或云千二百餘年，或云千三百餘年，或云千五百餘年，或云已過九百未滿千年，』又翻譯名義集引通慧鷲嶺聖賢錄，說佛生時凡有八別，一夏桀時，二商末武乙時，三西周昭王時，四穆王時，五東周平王時，六桓王時，七莊王時，八貞定王時。開元錄六云：『師資相傳云，佛涅槃後，優波離既結集律藏訖，即於其年七月十五日受自恣竟，以香華供養律藏，便下一點，置律藏前，年年如是，……以永明七年己歲（房云庚午）七月半受自恣竟，如前師法，以香華供養律藏訖，即下一點，當其年計得九百七十五點，點是一年，』按己已爲四八九年，庚午爲四九〇年，依此逆推，佛滅歲應是敬王三十四年乙卯或三十五年丙辰，佛生時應是靈王初葉。最近支那內學院決定民國二十二年爲佛誕紀元二四九八年，即謂佛生靈王七年丙申（前元五六五）也。郡齋讀書志一六云，「釋迦者華言能仁，以周昭王二十四年甲寅四月八日生」（按甲寅是二十六年，四當是六誤。）金履祥通鑑前編則謂佛生昭王二十二年（前元一〇三一），是昭王之中又分兩說也。據 Britannica百科辭典，佛之生時，今以兩種數目推測得之；其一爲阿輸迦王即位之年，其二爲佛滅度後至阿輸迦即位之相距年數。前者據阿輸迦王頒希臘諸侯詔以推測，各家所得，前後不差五年，時約紀元前二百七十載。後者據錫蘭史記，其距離爲二百四十八年，合兩數加之，則佛之滅度，或爲紀元前四百八十八載，又佛以八十滅度，則其誕生或爲紀元前五百六十八載。若緬甸、暹羅、錫蘭三處所傳降滅年月，比此約早五十年，即紀元前六二三年及五四三年云。按五六八即靈王四年癸已也。

Thomas 氏云「佛之生年通常約定爲前元五六三年，係依八十寂滅計算，錫蘭所傳，則佛寂滅在前元五四四也。此幷非古代史說，祇是將摩竭提諸王在位年數相加，逆推而得之。其理由則以史稱阿輸迦王於佛泥洹後二一八年奉敎，又使吾人認其祖 Candragupta 王卽位之年爲前元三二三，斯得前元四八三之數矣。但據以核定之根本年代，乃 Candragupta 王與 Seleucus Nicator 修約之年，而此年又非十分確切，故前後常相差數歲。尤有加者，吾人不能直接證明「二一八」之無誤，惟尙與（Purāṇa 及 Jain 各書所載摩竭提王系相符耳。若錫蘭記載，殆將諸王繼續間不及一年者，計作全年，故歲數特增也。中日兩國，普通謂佛生前元一〇六七年（按卽康王十二年，）西藏方面，據 Csoma 氏言，尙有十四異說云。」(op. cit. p. 27)

佛祖歷代通載云『庚戌，法師法顯自西域還。初顯於隆安二年同惠景曇整等入西域求法，』由隆安二年（戊戌）計至庚戌，前後僅十三年，與記文不合；隆安二年亦三年之譌。

七年，辛亥（弘始十三—四一一），住師子國，求得彌沙塞（Mahiśâsaka）律藏本，長阿含(Dîrghâgama)雜阿含(Saṃyuktâgama)又雜藏一部。

，彌沙塞此云不著有無觀法名五分乃薩婆多部分出之小支也。高僧傳佛馱什傳：「先沙門法顯於師子國得彌沙塞律梵本，……京邑諸僧聞什旣善此學，於是請令出焉，以其年（景平元年）冬十一月集于龍光寺譯爲三十四卷，稱爲五分律。」

僧肇佛說長阿含經序云『以弘始十二年歲次上章閹茂，請罽賓三藏沙門佛陀耶舍出律藏一分四十五卷，十四年訖，十五年歲次昭陽赤奮若，出此長阿含訖，涼州沙門佛念爲譯，秦國道士道含筆受。』則此經出訖之日，正顯師歸國之年。序又云『阿含秦言法歸，法歸者蓋是萬善之淵府，總持之林苑……譬彼巨海百川所歸，故以法歸爲名。開析修途，所記長遠，故以長爲目。』天台文句云，「增壹阿含明人天因果，長阿含破邪見，中阿含明深義，襍阿含明禪定。」

僧祇律云「文句襍者集爲襍阿含」，淨法師云「若經與伽陀相應者，此卽名爲相應阿笈摩，舊云襍者取義也。」

記文云，「住此國二年，」是明年方趁船回國也。

八年，壬子（弘始十四－四一二）住師子國。

約七八月，載商人大船，東下二日，便値大風，船漏水入，如是晝夜十三日，到一島邊，補塞船漏，於是復前九十日許，乃到耶婆提國。(Yavadvipa)

按顯師自師子國至耶婆提約三月許，住五月日，合計八月許，後以四月十六出發，由此逆推，知離師子之日在七八月也。

耶婆提，漢西域圖考七云「卽闍婆國今加拉巴」。Beal 氏云，「今爪哇，或是蘇門答剌。」丁謙攷證云，「核其方位里程，卽婆羅島無疑，婆羅隋書作婆利，與婆提音協，上多一耶字音者，殆梵音譯土語故耳。」蘇門答剌古國考云，「考昔日錫蘭廣州間航道，常經室利佛逝，質言之，經行遜他(Sunda)海峽及浡林邦港，十二世紀時周去非嶺外代答所誌航線如此，五世紀之航線想應亦然，則法顯傳之耶婆提，亦卽今之蘇門答剌，非爪哇也。」又云，「求那跋摩所至之闍婆，若爲爪哇，四一四年法顯之耶婆提，佛法不足言，而跋摩之闍婆，則道化大行，然則法顯所至必非爪哇，二人所至必爲二島。」(馮譯九三——九四頁)按婆羅開化較遲，對音亦異，丁說自不足信。費瑯氏書力主古時闍婆均爲蘇島，固有相當理由，但引文中所持論據，則可議者多也。蓋由賈耽四夷通道考之七八世紀時東西海通實經麻剌甲海峽，并不如費氏所說南過遜他（此當別爲辨論。）但假如費氏言南過遜他，爪哇近在戶闥，更何難轉泊，是謂海道經遜他反足證耶婆提之爲爪哇，不能證耶婆提之非爪哇也。闍婆王既恭信跋摩，始就羣臣請三願，一願凡所王境同奉和尙，推尋其義，則跋摩未至之際佛法非盛可知，道化大行，不過在王已請願之後，是引跋摩傳與顯師記文比較，祇可證耶婆提與闍婆之同是一國，不能證其必爲兩國也。質言之，記文簡單，無可比勘，而耶婆之名，昔人復常混用，究爲今爪哇抑蘇門答剌，一時尙難論定矣。

慧遠萬佛影銘云「晉義熙八年歲在壬子，五月一日共立此臺，擬像此山，因卽以寄誠，雖成由人匠，而功無所加，至於歲次星紀赤奮若，貞于太陰之墟，九月三日，乃詳檢別記，銘之於石」按慧遠卒於義熙十二年丙辰（據高僧傳），或十三年丁巳（據廣弘明集晉人廬山慧遠法師誄序）則歲次星紀赤奮若者，決爲九年癸丑無疑。顧謝靈運佛影銘序則云「法顯道人至自祇洹，具說佛影，偏爲靈奇，幽巖嵌壁，若有存形，容儀端莊，相好具足，莫知始終，常自湛然，廬山法師（按卽指慧遠）聞風而悅，於是隨喜幽室，卽考空巖，北枕峻嶺，南映滮澗，摹擬遺量，寄託青彩，豈唯像形也篤，故亦傳心者極矣，道秉道人遠宣意旨命余製銘，以充刊刻，」尋譯辭意，似慧遠作臺，在顯師東歸之後；顯師抵青爲七月十四日，慧遠銘石爲九月三日，中間相距不及五十日，以古代交通濡滯，縱顯師征柴甫卸，立記壯遊，計日程功，有所未逮，況假如上說，則歸國之歲，不特諸家所擬，均失太後，即余謂是義熙九年，似亦未盡適合矣。據余尋測，慧遠銘石之舉，幷非發動於顯師歸國，——如序云「及在此山，值罽賓禪師，南國律學道士，與昔聞既同，並是其人遊歷所經，因其詳問，乃多有先徵，」罽賓禪師即佛馱跋陀羅，僧傳所謂「率侶宵征，南指廬岳」者也；南國律學道士或指寶雲一輩——而靈運之作，則在顯師歸國之後，文人敘事，時好鋪張揚厲，故有此牽涉附會耳。

九年癸丑（弘始十五——四一三），住耶婆提五月日，復隨他商人大舶，以四月十六日發東北趣廣州，在船上安居，行一月餘日，遇黑風暴雨，諸商人咎顯，議置之海邊，得本檀越抗救而免。經七十餘日，始西行求岸，又經十二日，至七月十四日，抵長廣郡不其縣牢山南岸。

記文云：「法顯發長安，六年到中國，停六年，還三年，達青州，凡所遊歷，減三十國，」自義熙六年底，離天竺至本年抵青州，故曰還三年，王跋云「往反凡十五年」，是也（漢西域圖考七以凡十五年一語爲記文，非也。）今外人多謂顯師出遊之年爲三九九—四一六，梁啓超亦云，「東晉安帝隆安三年往，義熙十二年歸，前後凡十五年，」按我國人計年，非必足數，然即計足數，由隆安三年春（三九九）至義熙十年春（四一四），亦已足十五年之數，若如外人及梁氏所云，是前後凡十八年，足十七年以上矣。此皆由泥於「義熙十二年」字樣，故有誤解，下文再爲辨之。

蔣維喬中國佛教史云：「高僧傳載印度佛教僧來中國南部，……所謂南部者當指船泊廣州或交州而言，但此乘船而來者，至劉宋後始盛，劉宋以前，航路交通可稱絕無，雖相傳佛陀跋陀羅航海而來，法顯三藏遵海而回，然二人之船乃泊山東半島，非抵南部也，」按耆域之來在晉惠末，曇摩耶舍之來在安帝隆安中，皆取道南海，蔣氏遽曰宋前絕無，殊犯語病，若顯師泊山東半島事出偶然，其指航地本南部之廣州，記言甚晰也。

據羅振玉紀元以來朔閏考，是年四月六月均大建，五月小建，由四月十六日庚戌計至七月十四日丁丑，實前後八十八日，知記所謂經七十餘日者，實七十六日，即七月初二乙丑也，梁啓超云，

「歸途計費三百三十餘日，」如照此推之自師子國啓途時亦是八月初旬。

記文云：「又問汝入山何所求其使詭言明當七月十五日欲取挑獵佛」（學院本詭言作說言，挑獵作桃臘，）是抵岸之日爲七月十四日。關中近出尼二種壇文卷後記云「七月十五日各於所止處受歲如法，」又善見律毗婆沙記云，「至七月十五日受歲竟。」法苑珠林一〇九引西晉聶道眞譯菩薩受齋經齋日年有四次，以七月者爲最長計從七月一日受十六日解；又一〇三引冥祥記云「七月望日（四部叢刊本誤作月）沙門受臘此時設供彌爲勝也，」可見各本作挑獵者誤應從內學院本。玄應一切經音義十四云，「臘獵也獵取禽獸祭先祖也此歲終祭神之名也經中言臘者卽此義也，……今比邱或言臘，或云夏或言雨亦爾皆取一終之義案天竺多雨，名雨安居從五月十五日至八月十五日也，土火羅諸國至十二月安居今言臘者亦近是也。」

晉書長廣郡，咸寧三年置治不其縣。高僧傳：「乃啓宋太祖資給遣沙門道普將書吏十人，西行尋經，至長廣郡舶破傷足，」長廣郡固當日海船所至之地也。漢書注如淳曰，「其音基，不其山名，因以爲縣。」牢山在今青島魏書作勞山，屬不其縣。

長廣太守李嶷聞有沙門持經像汎海至，遣人迎至郡，劉法青州請法顯一冬一夏。

高僧傳三云：「頃之，欲南歸，青州刺史請留過冬，顯曰，貧道投身於不反之地，志在弘通，所期未果，不得久停，遂南造京師，」似顯師卒却刺史之請，但記文則云劉法青州請一冬一夏，是此冬至明年夏顯師均住青州，傳言未爲當也。

晉書八四劉敬宣傳云，「（盧）循平，遷左衛將軍散騎常侍，又遷征虜將軍青州刺史，尋改鎮冀州，」準同書帝紀，循平在義熙七年四月，又十一年四月，「青冀二州刺史劉敬宣爲其參軍司馬道賜所害，」又宋書四七劉敬宣傳云，「出爲使持節督北青州軍郡事征虜將軍北青州刺史領青河太守，尋領冀州刺史，時高祖西討劉毅，」武帝西討劉毅在義熙八年九月；合觀數事，則敬宣任青州刺史，應在八年九月以前，記所謂劉法青州，僧傳所謂青州刺史，應爲劉敬宣無疑。

宋王琰冥祥記云，「晉沙門釋僧朗者，戒行明嚴，華戎敬異，嘗與數人俱受法請，」所謂受法請者，與此劉法之法同一解釋，學院本作留法，非也。Beal 氏謂「法疑作至解」譯爲 "Meanwhile

Liu arriving at Tsing-chow", 亦誤,

記文云「又問此是何國答言此青州長廣郡界統屬劉家」劉學院本作晉,此當謂顯師義熙回國,猶未禪宋故改作晉但顯師記文,寫定總在義熙十二年後,不三年宋卽受禪,則亦許原作劉家,猶諸義淨遺著之或作庸或作周耳。

十年甲寅(弘始十六——四一四),夏坐訖,初以遠離諸師久,欲趣長安,但所營事重,遂便南下向都,就諸師出經律。

記文關於年號問題,凡有兩大癥結;一卽記首稱「弘始二年歲在己亥」一卽記末跋稱「是歲甲寅,晉義熙十二年,歲在壽星」前人於此兩點,均理解不清,故涉及年代討論時,便陷魔障。己亥或可稱弘始二年,前已言之。至甲寅本義熙十年,今竟稱十二年,殊難索解,意十二之二誤衍耶?但檢僧肇百論序云「以弘始六年歲次壽星」按六年爲甲辰,又晉書天文志云:「自軫十二度至氐四度爲壽星,於辰在辰,」是歲在壽星者,卽歲在丙辰,亦卽義熙十二年也。既爲十二年,何以又稱甲寅,「二」字可衍,而「壽星」不可衍也。余因是疑甲寅二字爲記文他處所錯簡,如記文「諸

法顯一冬一夏夏坐訖，甲寅二字，卽可移在一夏之下，緣顯師回抵青州之翌年，是甲寅也。況歲在壽星，卽干支之代稱，既署壽星，上文又用干支，在行文中亦犯重屋疊牀之病，此甲寅二字更似爲他文錯簡之證。跋又云：「夏安居末，迎法顯道人，既至，留共冬齋，因講集之際，重問游歷，」如謂是義熙十年甲寅事，則顯師方急急南下，何暇留共冬齋，故余斷定甲寅二字爲錯簡，跋中所記，乃顯師南下後二年事，於時經律有託，故得從容講集，重敘遊踪也。

桑原引 Rémusat 佛國記云：「東晉法顯自印度歸，以義熙十四年（西四一四）四月十六日發耶婆提國，七月十四日達膠州灣附近，亦利用信風也」（據陳譯蒲壽庚考一〇一頁）按西四一四是義熙十年，非十四年，十四之「四」字誤。高楠順英譯內法傳二〇八頁以顯師旅行年代爲三九九——四一四，湯用彤竺道生與涅槃學（國學季刊三卷一號）以顯師爲義熙十年歸抵青州，均沿 Rémusat 氏之誤說。歷代求法翻經錄云「時四一六年七月十四日也，」則再後誤二年。考魏書釋老志云：「又沙門法顯慨律藏不具，自長安遊天竺，歷三十餘國，隨有經律之處，學其書語，譯而寫之，十年，乃於南海師子國隨商人汎舟東下，晝夜昏迷，將二百日，乃至青州長廣郡不其勞山南下，乃出海焉，是歲神瑞二年也。法顯所遊諸國傳記之，今行於世。」按神瑞二年乙卯，當義熙十一年，又比甲寅後差一歲，其爲訛舛，無待深辨。然魏書以北齊天保五年（五五四）上，上距顯師歸國，不過百四十餘年，已傳聞所異如此，更無怪後人解釋者立說紛如矣。

王跋云：「義熙十二年姚興始卒，太子泓立，十三年，劉裕始滅秦，執泓送建康，則如隋志所云還至金陵，乃在姚秦既滅之後，故未得趨長安也」。按晉書載記，姚興卒於義熙十二年，帝紀則書於十一年二月，周家祿晉書校勘記已辨之；但顯師還國在九年，南下在十年，均在姚興生前，非在姚泓既滅之後，隨志亦無是語（見後文引）。至顯師非不欲還秦，其南下之故，重在經律記文，言之甚晰，王氏謂姚秦既滅，不得趨長安，殊非事實。蓋顯師回國時，鳩摩羅什已卒（義熙五年），佛馱跋陀羅被擯，秦僧亦早南下，同志如智嚴、寶雲均以此獲咎，散之他方，顯師不還秦土者，此或其一因，特不便明言耳。歷代求法翻經錄云：「時四一六年七月十四日也，……時後秦主姚興已於其年二月死，八月劉裕督軍伐後秦，所向皆捷，十月克洛陽，後秦將亡，長安道阻，顯遂南造建業，」亦誤信王跋之過。

十二年丙辰（弘始十八，又姚泓永和元年——四一六），夏坐訖，顯赴某氏之請，留共冬齋，重敘遊歷始末，成佛國記。

魏書六十七崔鴻傳云「鴻經綜既廣，多有違謬，至如太祖天興二年姚興改號，鴻以爲改在元年，太宗永興二年慕容超擒於廣固，鴻又以爲事在元年，太常二年姚泓敗於長安，而鴻亦以爲滅在元年，如此之失，多不考正」司馬光資治通鑑考異云「晉本紀、三十國晉春秋皆云義熙十一年二月姚興卒，魏本紀、北史本紀、姚興姚泓載記皆云十二年，案後魏書崔鴻傳太祖天興二年姚興改號，鴻以爲元年，故晉本紀、三十國晉春秋凡弘始後事皆在前一年，由鴻之誤也」凡此皆證明晉書帝紀書十一年卒之誤。又道標舍利弗阿毗曇序云「惟秦天王冲資叡聖，……以秦弘始九年命書梵文，……停至十六年，經師漸閑秦語，令自宣譯，皇儲親管理味，言意兼了，……并校至十七年訖」此序苟非作於十七年二月以前，亦姚興非卒於是年之旁證也。今李兆洛紀元編祇作弘始十七，但姚興既於是年方死，自應有弘始十八年，不過同年姚泓又改元永和耳。晉書載記謂興在位二十二年，但由太元十九年甲午僭位起至是年止，應二十三年，曰二十二年者，亦計至乙卯止也。

記末跋云「因講集之際，重問遊歷，……由是先所略者勸令詳載，顯復具叙始末，」是顯師之記，成於本年，丁國鈞補晉書藝文志云，「佛國記一卷……謹案法顯沒於宋代，故今本題宋，然是書實成於義熙十二年，記末晉人跋語可證。」

丁謙攷證云，「記後跋語，不書名氏，玩其語氣，蓋出道場寺譯經僧手。」按跋有云，「其人恭順，言輒依實，」尋繹文意，作者乃爲顯師檀越，且是貴官，惟不具姓名，故書曰某氏。若是譯經僧，當不作「其人恭順」等傲慢語氣也。

十一月，在建鄴道場寺與佛馱跋陀羅（Buddhabhadra 卽覺賢）共出摩訶僧祇律。

釋迦方志云「晉肅宗明帝造明與道場二寺，」晉人六卷泥洹記出經後記及華嚴經記出經後記均謂寺爲司空謝石所立，豈寺創明帝而石乃重修耶？文殊師利發願經出經後記云，「晉元熙二年，歲在庚申，於楊州門塲寺禪師新出，」開元錄於同經下亦作門塲寺，道門晉近，或當時有所

諱避也。（宋武帝二弟均以道排行）

佛馱跋陀羅、六卷泥洹記出經後記作佛大跋陀，華嚴經後記作佛度跋陀羅，出三藏記集作佛大。跋陀羅。高僧傳二云：「又沙門法顯於西域所得僧祇律梵本，復請賢譯爲晉文。」魏書釋老志云：「其（法顯）所得律通譯未能盡正，至江南更與天竺禪師跋陀羅辨定之，謂之僧祇律，大備於前，爲今沙門所持受。」又隋書經籍志云：「又有沙門法顯，自長安遊天竺，經三十餘國，隨有經律之處，學其書語，譯而寫之，還至金陵，與天竺禪師跋羅參共辯足（足王跋依魏書改作定），謂僧祇律，學者傳之。」開元釋教錄云：「摩訶僧祇律四十卷，或云三十卷，梵本是法顯於摩竭提國將來，義熙十二年十一月，於鬭場寺共法顯出，見竺道祖錄，祐在顯錄，據共譯故耳。」

十三年丁巳（永和二——四一七），十月一日與佛馱跋陀羅在道場寺，始出大般泥洹經，寶雲筆受。

開元釋教錄姚秦錄云，「起姚萇白雀元年甲申，至永和三年丁巳，」而同錄曇摩耶舍下又云，「以秦弘始九年丁未書出梵文，……至十七年乙卯方訖，」是永和元年爲丙辰，二年爲丁巳，又考劉裕以是年七月克長安執姚泓，泓凡立二年而滅開元錄之永和三年顯是二年之誤。

六卷泥洹記出經後記云，「摩竭提國巴連弗邑阿育王塔天王精舍優婆塞伽羅先，見晉土道人釋法顯遠遊此土，爲求法故，深感其人，卽爲寫此大般泥洹經如來秘藏，願令此經流布晉土，一切衆生，悉成平等如來法身，義熙十三年十月一日，於謝司空石所立道場寺出此方等大般泥洹經，至十四年正月二日校定盡訖，禪師佛大跋陀手執胡本，寶雲傳譯，于時座有二百五十人。」開元釋教錄云：「經記云，方等大般泥洹經或十卷，第四譯，…………見道祖，僧祐二錄。」又同錄智猛傳云，「後至華氏城，是阿育王舊都，有大智婆羅門，名羅閱宗，舉族弘法，王所欽重，造純銀塔，高三丈，沙門法顯先於其家已得六卷泥洹，……猛就其家得泥洹梵本一部，」按開元錄所記，略同梁高僧傳，惟僧傳無顯師先於其家得經一節；又出經記言伽羅先，錄言羅閱宗，對音亦異。復考出三藏記集引智猛遊外國傳云，『次華氏邑有婆羅門氏族甚多，其稟性敏悟，歸心大乘，……

……智猛卽就其家得泥洹胡本，還於涼州，出得二十卷，』則不舉婆羅門姓名，意僧祐引時略去耳。

蔣維喬中國佛教史云，『法顯六卷本，譯於晉義熙十三年，翌年告成，曇無讖所譯大本，始於北京（涼）玄始三年，閱七年始告成，按玄始三年，適當東晉義熙十三年，二譯同年開始，良非偶然，可稱佳話，』按高僧傳曇無讖傳云，『讖以涅槃經本品數未足，……於是續譯爲三十三卷，以僞玄始三年初就翻譯，至玄始十年十月二十三日三袠方竟，即宋武永初二年也，』據晉書一二九，蒙遜以義熙八年僭即河西王位，改元玄始，計至永初二年，恰爲玄始十年，是玄始三年乃義熙十年，蔣氏謂二譯同年開始者大誤。復按涼州沙門道朗與讖同時，又爲讖徒道進之法弟，而其所作大涅槃經序則云，讖既達此，以玄始十年歲次大梁十月二十三日，河西王勸請令譯，使讖先於玄始三年在姑臧創譯，道朗何以不知，湯用彤疑僧傳所言有譌，良非妄議。（見所著竺道生與涅槃學）但讖滯燉煌，保無出譯，如僧傳言，前中後三分出不同時，安知道朗非舉末而遺初，惠皎又以姑臧翔始之年，爲譯事畢功之日，故致言各殊異耶？中國佛教史又云，『羅什與涅槃經之翻譯，有無關涉，不可得知，羅什、法顯、曇無讖三人，時代相同，但就法顯、曇無讖翻譯涅槃經考之，似羅什未嘗知此事。』按高僧傳鳩摩羅什傳云，「以僞秦弘始十一年八月二十日卒於長安，是歲晉義熙五年也，……然什死年月，諸記不同，或云弘始七年，或云八年，或云十一，尋七與十一，字或訛誤，而譯經錄中猶有十一年者，容恐雷同，三家無以正焉。』開元釋敎錄則云，『什公卒時，諸記不定，……傳取十一爲正，此不然也，準成實論後記云大秦弘始十三年，歲次豕韋，九月八日，尙書令姚顯請出此論，至來年九月十五日訖，準此十四年末什仍未卒；又準僧肇上秦主姚興涅槃無名論表云，肇在什公門下，十有餘載，若什四年出經，十一年卒，始經八載，未滿十年，云何乃言十有餘載，故知但卒弘始年中，不可定其年月也。』尋傳錄所言羅什之卒，衆說滋紛，惟僧肇鳩摩羅什法師誄序云『癸丑之年，年七十，四月十三日，薨乎大寺，』準此什公之卒在弘始十五年（義熙九年，）顯師創譯此經，什公已卒，云何能知。無讖大本，如依道朗所稱（引見前段，）則爲時更後。若錄以僧肇表文，證什非十一年卒，則說猶有憾，蓋什到長安，雖在弘始三年之末，而肇之從什，實在姑臧，（高僧傳肇傳云『後羅什至姑臧，肇自遠從之，什嗟賞無極，及什適長安，肇亦隨入。』）自弘始十一，上溯至呂光太安建元，（太元十年，即什至姑臧之歲。）已二十五年，肇表所云在什公門下十有餘載，云何不合，智昇之誤，特以爲什到長安，肇始從學耳。

十四年戊午，(四一八)正月二日，大般泥洹經六卷譯訖。

湯用彤竺道生與涅槃學云，「覺賢彙譯方等泥洹經六卷時在十三年十月至十四年二月也，」二月之「二」字諒是筆誤。

泥洹始唱，頗爲舊學所擯；故宋范泰與生觀二法師書云，『法顯後至泥洹始唱，便謂常住之言衆理之最，般若宗極，皆出其下，』高僧傳竺道生傳云，『又六卷泥洹先至京都，生剖析經理，洞入幽微，乃說一闡提人皆得成佛，於時大本未傳，孤明先發，獨見忤衆，於是舊學以爲邪說，譏憤滋甚，遂顯大衆，擯而遣之。』

二月末，摩訶僧祇律譯畢。

據湯用彤竺道生與涅槃學。

後至江陵，卒於辛寺，春秋八十有六。

唐道宣釋迦方志云「八謂後秦弘始二年，沙門法顯與同學慧景等發自長安，歷于塡道，凡經三十餘國，獨身達南海師子國，乃汎海將經像還至青州牢山，登晉地，往揚、荊等州出經，所行出傳，一按顯師在荆有無出經，今不可考。顯師享齡之研究，具見前文，茲據高傳傳書之。

與顯師約同時而曾駐辛寺者，更有名僧曇摩耶舍，高僧傳一云『耶舍後南遊江陵，止於辛寺，……

……至宋元嘉中，辭還西域。』

顯師軼事他書不多見，唯法苑珠林一〇九引晉文雜錄云：『東晉徐州吳寺太子思惟像者，昔晉沙門法顯勵節西天，歷遊聖迹，往投一寺，大小逢迎，顯時遇疾，主人上座，親事經理，勅沙彌爲客僧覓本鄉齋食，倏忽往還，脚有瘡血，云往彭城吳蒼鷹家求食，爲犬所嚙，顯怪其旋轉之間，而遊數萬里外，方悟寺僧並非常人也，後隨舶還國，故往彭城，追訪得吳蒼鷹，具狀問之，答有是事，便詣餘血塗門之處，顯曰，此羅漢聖人血也，當時見爲覓食耳，如何遂損耶，鷹聞慚悚，即捨宅爲寺。』

茲將顯師取得之經，業已譯出者，列爲次表：

經卷	部歸	今藏號數	譯人
大般泥洹經六卷即方等	涅槃部	南白北食	法顯共覺賢
大般涅槃經三卷	小乘經	南禍北駒	法顯

雜阿含經五十卷	小乘經	谷傳聲虛堂	求那跋陀羅
雜藏經一卷	小乘經	南善 北璧	法顯
摩訶僧祇律	小乘律		覺賢共法顯
南四十卷		南政存以甘棠	
北四十六卷		北攝職從政存	
僧祇比丘尼戒本一卷	小乘律	南婦 北隨	法顯共覺賢
彌沙塞部五分律三十卷	小乘律	南隨外受傳	佛陀什共竺道生
		北而益詠	
薩婆多部毗尼摩得勒伽十卷	小乘律	南懷北下	僧伽跋摩
雜阿毗曇心十三卷？	小乘論	闕	法顯共覺賢？

蔣維喬中國佛教史云「大般涅槃經，是否法顯所譯，不無可疑，蓋法顯前所譯之大般泥洹經爲大乘經，而此譯爲小乘經，且同一原語，前曰泥洹，後曰涅槃，不應歧出至此出三藏記暨歷代三寶

記載法顯所譯，有方等泥洹經三卷而出三藏記復曰今闕若此說信然，則法顯當別有方等泥洹經在既冦以方等字樣，當然屬於大乘經，而譯大般涅槃經者不知何人矣」按開元釋教錄云：

『大般涅槃經三卷或二卷是長阿含初分遊行經異譯，羣錄並云顯出方等泥洹者非，即前大泥洹經加方等字，此小乘涅槃文似顯譯，故以此替之。』非顯師別出方等，或即携回之梵經也。

按般泥洹經有大小乘之別，我國先後所出，復名稱不一，茲并製爲兩表以便省覽：

（一）大乘

胡般泥洹經二卷　東漢支讖初出。或一卷，開元錄改胡爲梵，今闕。

大般涅槃經二卷　魏安法賢二出。略大本前數品爲此二卷，開元錄與支謙所出同稱篇二出，因未確知法賢時代也，今闕。

大般泥洹經二卷　吳支謙三出。略大本序分哀歎品爲二卷，今闕。

大般泥洹經六卷　東晉法顯共覺賢四出。經記稱爲方等大般泥洹經，或十卷，盡大乘問品，義熙十四年正月二日出訖，現有本。

大般涅槃經四十卷　北涼曇無讖五出。梵本具足有三萬五千偈，今所譯者，止萬餘偈，三分始一耳。出經年月，說有不同，已詳前文。宋元嘉中，此經達建業，慧嚴、慧觀、謝靈運等以其品數疏簡，乃依法顯本加之品目，文有過質，頗亦改治，結爲三十六卷，行於江左，比諸原翻，時有小異。現均有本。

般泥洹經二十卷　北涼智猛六出。以北涼茂虔承和年中（宋元嘉十一至十六）譯出，今闕。

大般涅槃經後譯荼毘分二卷　唐智賢七出。亦云闍維分，亦云後分，高宗時出，現有本。別有方等般泥洹經二卷，亦名大般泥洹經，西晉竺法護譯，與此非同本。

（二）小乘

佛般泥洹經二卷　西晉白遠出。亦云泥洹經，現存。

大般涅槃經三卷　東晉法顯出。或二卷現存。

般泥洹經二卷　東晉失譯。亦云泥洹經，或大般泥洹經，今存上卷欠下卷。

右三經出長阿含經第二至第四卷與初分遊行經同本異譯。

開元錄云，「雜阿含經五十卷，於瓦官寺譯，梵本法顯齎來，高僧傳云祇洹寺出，見道慧宋齊錄及僧祐錄。」

同錄又云：『雜藏經一卷，第二出，與鬼問目連餓鬼報應經等同本，見僧祐寶唱二錄。』

同錄又云：『僧祇比丘尼戒本一卷，亦云比丘尼波羅提木叉僧祇戒本，共覺賢譯，見長房錄。』

同錄又云：「五分律三十卷，亦云彌沙塞律，或三十四卷。」

僧伽跋摩譯之薩婆多部毗尼摩得勒伽，似即顯師攜回之薩婆多衆律。

高僧傳法顯傳：『就外國禪師馱跋陀於道場寺譯出摩訶僧祇律方等泥洹經雜阿毗曇心論，垂有百餘萬言』，開元釋教錄於法顯名下著錄雜毗曇心十三卷，云：『第二出，與符秦僧伽提婆等所出同本，見僧祐錄，房云顯與覺賢共譯，』說與高僧傳同，但其本唐時已闕。同錄又以伊葉波羅與求那跋摩先後出之雜阿毗曇心十三卷爲第三出（亦闕本），僧伽跋摩之雜阿毗曇心論十一卷爲第四出；考宋人（闕名）雜阿毗曇心序云，「有尊者法勝於佛所說經藏之中鈔集事要爲二百五十偈，號阿毗曇心。其後復有尊者達摩多羅，……復爲三百五十偈，補其所闕，號曰雜心。新舊偈本凡有六百篇第之數，則有十一品，篇號仍舊爲稱，唯有擇品一品全異於先，……於宋元嘉三年，徐州刺史太原王仲德請外國沙門伊葉波羅於彭城出之，擇品之半及論品一品，有緣事起，不得出竟。至元嘉八年，復有天竺法師名求那跋摩，得斯阿含道，善練茲經，來遊楊都，更從校定，略詳大義，余不以闇短，廁在二集之末。」宋僧焦鏡（卽高僧傳七之僧鏡，俗姓焦。）後出雜心序云，「於宋元嘉十一年甲戌之歲，有外國沙門名曰三藏，觀化遊此，其人先於大國綜習斯經，於是衆僧請令出之，卽以其年九月，於宋都長干寺集諸學士，法師雲公譯語，法師觀公筆受，考校治定，周年乃訖，鏡以不才，謬預聽末。」高僧傳求那跋摩傳云：『初元嘉三年，徐州刺史王仲德於彭城請外國伊葉波羅譯出雜心，至擇品而緣礙，遂輟，至是（元嘉八年）更請跋摩譯出後品，足成十三卷。」又僧伽跋摩傳云：「慧觀等以跋摩妙解雜心，諷誦通利，先三藏（按卽指求那跋摩，因其於元嘉八年正月達建業，旋卽遷化也）雖譯，未及繕寫，卽以其年九月於長干寺招集學士，更請出焉，寶雲譯語，觀自筆受，考覈研校，一周乃訖。」循繹各序傳，知伊葉波羅與求那跋摩雖先後合出此論，幷未繕定，直至僧伽跋摩繼二人未竟之功，始有寫本、余因是頗疑顯師當日實未出此論，或雖出而未有繕定，不然元嘉諸人，何汲汲於必出此論耶？

蔣維喬中國佛教史云，「僧伽提婆所譯之迦旃延阿毗曇第一譯，（三十卷，一名阿毗曇八犍度論，其第二譯法顯所譯，十三卷）皆小乘經也，」按僧伽提婆在符秦所出，計有兩種：（甲）阿毗曇八犍度論，三十卷，開元錄云，「或無論字，或二十卷，或云迦旃延阿毗曇，或云阿毗曇經八犍度，初出，與唐譯發智論同本。」（乙）阿毗曇心十六卷，開元錄云，「初出，或十三卷，建元末年於洛陽出。」開元錄所謂「與苻秦僧伽提婆所出同本」者，乃指乙種之阿毗曇心，非指甲種之阿毗曇八犍度論，又以嚴義言之，此乃小乘論，非小乘經，蔣氏所言，兩俱失察。

由上表說觀之，則顯師從印、錫兩地携同之要本、殆已全出，在外十五年，冒惡沙積雪，飽㬎風暴雨，幾至喪身絕島，得此結果，其亦可以無憾矣！

異名彙錄

各地異名，茲依翻譯時代先後，以外名爲綱，彙集成表；若夫地理今釋，已見篇中，不復複出。

Agni　或作 Akni.

焉耆　漢書

烏耆國　密迹金剛力士經

烏夷　道安西域志

傿彝國　佛國記

烏帝　水經注

阿耆尼國　西域記

焉夷　慧琳音義

焉祇　同上

Ajitavati

阿夷羅婆提河　長阿含

阿恃多伐底河　西域記

無勝河　同上

阿利羅跋提河　同上

阿氏羅筏底河　婆沙論

Akni　見上 Agni 條

Angas

鴦伽國　元魏譯正法念處經

Aṭavî

曠野國　竺法護

阿羅毗國　十誦律

阿荼毗邑　五分律

Azamgarh　或作Azimgarh

阿耶穆佉國　西域記

Azimgarh　見前條

Ayô-dhyâ

阿踰陁國　西域記

Bânâras　見 Vârânasî條

Bhiḍa

毗荼國　佛國記

Brahma-Gayâ

伽耶城　西域記，與後條非同地。

Buddha Gayâ

伽耶城　佛國記

Champâ

瞻婆　西晉法炬

瞻波國　增壹阿含

占波　同上

Dakshiṇa　或稱Deccan.

達嚫國　佛國記

Dârail, Darel or Dâril

陀歷國　佛國記

達麗羅　西域記

達剌陀國　義淨孔雀經

陀羅伊羅　通典

Deccan　見Dakshiṇa條

Dîpaṅkara

燈光城　慧立三藏傳，參看Nagarahâra條

Gandhâra Ptolemy 稱曰Gandarae

犍陀國　漢安清

犍陀越國　道安西域志

犍越國　同上

乾陀羅國　長阿含

犍陀衛國　佛國記

業波羅國　宋雲

健馱邏國　西域記

乾陀衛　同上

香行國　續僧傳

持地國　華嚴音義

香遍國　同上

建馱羅國　慧超

Ganges

恆水　漢安清

恆伽水　道安西域志

殑伽河　西域記

Ghazar, Ghizar

岐沙谷　道安西域志

Gilgit

孽多城　新唐書

Gṛīdhrakûṭa

靈鳥頂山　支讖首楞嚴經

耆闍崛山　竺法護

靈鳥山　同人佛說心明經

靈鷲山　同人密跡金剛經

鵰鷲崛山　佛國記

姞栗陁羅矩吒山　西域記

鷲峯　同上

鷲臺　同上

鷲峯山　求法高僧傳

Gurupâdâḥgiri　參看 Kukkuṭapâdagiri條.

窶盧播陀山　西域記

尊足山　同上

尊足嶺　求法高僧傳

Guz-Kul

三池　漢書

毒龍池　宋雲

格什庫里　戈登遊記

Hiḍḍa

醯羅城　佛國記

Hiranyavatî

醯蘭那水　支僧載

熙連河　羅什觀佛三昧經

希連河　佛國記

希連禪河　水經注

尸賴拏伐底河　西域記

有金河　同上

呬剌拏伐底河　同上

Hughli

枝扈(二字疑倒)黎大江　扶南傳

Ishkashim

塞迦審城　新唐書

Indraśailaguha

小孤石山　佛國記

因陁羅勢羅窶訶山　西域記

帝釋窟　同上

Jêtavana

祇陀　康僧鎧郁伽長者經

祇洹　增壹阿含

祇桓　同上

逝多林　西域記

勝林　同上

誓多林　能斷金剛般若經

祇樹　玄應音義

勝氏　同上

Jumnâ　亦作 Yamunâ.

遙奴水　道安西域志

捕那河　佛國記

蒲那河　水經注

閻牟那河　西域記

閻母那河　新婆沙論

Kabdian

呵跋檀國 梁書

伽倍國 北史

Kala-Panja 法文作Kala-Pandj.

漢槃陀國 宋雲

朅盤陁國 西域記

渴羅槃陀 續僧傳

喝飯檀國 慧超

葱嶺鎮 同上

喝槃國 通典

葱嶺守捉 賈耽四夷通道

朅盤陀國 同上

喝盤陀國 新唐書

喀喇噴赤 戈登遊記

Kâlapinâka

迦羅臂拏迦邑 西域記

Kanaka

拘那含國 支僧載

拘那舍國 同上

Kanyâkubja

罽饒夷城 佛國記

羯若鞠闍國 西域記

曲女城 同上

拘蘇磨補羅城 同上,參看 Kusumapura條

花宮 同上

葛那及 慧超

Kapilavastu

迦維羅衛 漢法本內傳

迦維衛 支謙本起瑞應經

迦維羅越國 支僧載

迦維羅竭國 法護普曜經

迦夷衛國 同上

維衛國 同上

羅衛國 道安西域志

迦毗羅越國 增壹阿含

迦毗羅衛國 同上

妙德國 十二遊經

迦毗羅國 羅什孔雀經

赤澤國 大般涅槃經

迦毗羅施兜國 宋譯因果經

迦毗黎國 宋書

迦惟羅衛國 高僧傳

嘉維國 梁書

刼比羅伐窣堵國 西域記

父城 內法傳

刼比羅國 義淨孔雀經

迦毗羅皤窣都 華嚴音義

刼毗羅國 不空孔雀經

Kapiśa

罽賓 漢書

迦畢試國 西域記

Kapitha西域記，參Sainkâśya條.

迦臂施國 續僧傳

Kashgar, Kashkar 參看 Khar-a-Śyâmâka條

伽舍羅逝 道安西域志

羅逝 同上.

迦舍國 羅什孔雀經

Kashmir 西晉以後譯經常誤稱爲罽賓.

罽密 支僧載

迦濕彌羅國 西域記

Kâśi, Kâśîs

伽尸國 扶南傳

迦尸國 增壹阿含

Kauśâmbî

拘宋婆 支僧載

拘睒彌國 師子月佛本生經

高芰毗國 羅什孔雀經

拘睒彌鞞國 雜阿含

俱睒彌 齊譯摩耶經

憍賞彌國 西域記

憍閃毗國　義淨孔雀經

憍閃彌國　不空孔雀經

Khara-Śyâmâka

迦舍羅逝　道安西域志，參看Kashgar條。

羅逝　同上

迦舍國　羅什孔雀經

竭叉國　佛國記

奇沙國　智猛

迦羅奢末　曇無竭外國傳

賒彌國　宋雲

商彌國　西域記

沙摩　根本說一切有部毘奈耶

奢摩褐羅闍國　慧超

Khasa-Raja

伽舍羅逝　道安西域志，參看前條。

Ḳhotan

于闐　漢書

Khowar, Kho

於麾國　佛國記

鉢盂城　宋雲，據Beal氏繙本，似是鉤盂城之誤。

權於麾國　北史

拘衛國　慧超

俱位國　唐六典

拘緯國　十地經等後記

?喀莽　西域圖志

Khulm

休密　漢書

和墨城　同上

胡密丹國　梁書

護蜜　西域記

胡密國　慧超

Kôsala

東（車字之訛）離國　後漢書

拘薩國　東漢失譯經

車離國　魏略

驕薩羅國　支謙百緣經

拘薩羅國　增壹阿含

俱涉羅國　羅什孔雀經

居薩羅國　長阿含

憍薩羅國　西域記

Kukkuṭapâdagiri

雞足山　佛國記

屈屈吒播陀山　西域記

窶盧播陀山　同上，參看 Gurupâdaḥgiri條。

尊足山　同上

雞嶺　求法高僧傳

尊足嶺　同上

Kunduz

昬駄多城　西域記

Kuśagârapura

蓱沙王舊城　佛國記

矩奢揭羅補羅城　西域記

上茅宮城　同上

Kuśanagara, Kuśigramaka, Kuśinagara, Kuśinagarî, Kuśinâra.

拘私那竭國　支僧載

拘夷國　道安西域志

拘尸城　增壹阿含

拘夷那竭城　長阿含

拘尸那竭國　同上

拘尸那　涅槃經

拘尸那揭羅國　西域記

究尸那城　玄應音義

？上茅城　同上

俱尸那　內法傳

俱尸國　求法高僧傳

Kusumapura

拘蘇磨補羅城　西域記，參看

Kanyâkubja條。

花宮　同上

拘蘇摩補羅城　同上，參看

Pâṭaliputra條。

香花宮城　同上

Lummini

臨兒國　魏略

論民園　佛國記

臘伐尼林　西域記

Magadha

摩竭提國　支謙瑞應本起經

摩竭　三國失譯經

摩伽陁　大智度論

摩揭陁國　西域記

墨竭提　華嚴音義

Mallas

末羅　西域記

Manglaur

瞢揭釐城　西域記

Mathurâ

摩偷羅國　羅什孔雀經

摩頭羅國　佛國記

秣菟羅國　西域記

末度羅國　義淨孔雀經

摩度羅城　華嚴音義

摩突羅　同上

孔雀城　同上

密善城　同上

末土羅城　不空孔雀經

Mṛigadâva

鹿野苑　四十二章經

鹿野　十二遊經

鹿苑　求法高僧傳

鹿園　同上

Nagarahâra

那乾呵羅國　羅什觀佛三昧經

那伽訶羅國　慧遠萬佛影銘序

那竭國　佛國記

那呵黎城　高僧傳

那伽羅訶國　道藥傳

那揭羅曷國　西域記

燈光城　慧立三藏傳，參看 Dîpaṅkara條。

Nairañjana

尼連水　道安西域志

尼連禪河　佛本行經

尼連禪那河　西域記

Panj

孟津河　宋雲

Pâtaliputra, Pâtaliputta. 希臘人稱曰Palibothra.

巴連弗邑　阿育王傳

(弗)波多利弗國　羅什孔雀經

波多利弗多羅國　同上

華氏(Vajjis)邑　智猛

波吒釐子城　西域記

拘蘇摩補羅城　同上，參看 Kusumapura條。

香花宮城　同上

波吒梨子　義淨孔雀經

波吒離子　不空孔雀經

Prayâga

鉢邏耶伽國　西域記

Purushapura

弗樓沙國　佛國記

富樓沙國　北史

布路沙布邏　西域記

富留沙富邏城　續僧傳

丈夫宮　同上

Pushkarâvati

盋吐(?呵)羅越城　道安西域志

布色羯羅伐底城 西域記

Râjagaha, Râjagṛiha

羅閱衹國 漢康孟詳興起行經

羅閱 同上

王舍國 漢失譯經

羅閱衹瓶沙國 支僧載

王舍城 道安西域志

羅閱衹伽羅 增壹阿含音義

曷羅闍姞利呬城 西域記

羅閱揭梨醯 玄應音義

Râmagrâma

藍莫國 佛國記

藍摩國 西域記

Rohi

羅夷國 佛國記

Sâkêta

沙奇城 魏略

娑枳多國 羅什孔雀經

桑岐多國 馬鳴菩薩傳

沙衹大國 佛國記

娑寄多 月藏經

娑雞覩 義淨孔雀經

娑雞多 同上

Saṁkâśya

僧迦扇柰揭城 道安西域志

僧迦施國 佛國記

迦施國 高僧傳

刼比他國(Kapitha) 西域記

僧迦舍國 同上

Samvṛîjjis

三伐恃國 西域記，參 Vṛîjjis 條。

Sarhad

奔攘舍羅 西域記

娑勒城 新唐書

娑和達 戈登遊記

Sarik-chaupon 見 Sarugh-chupan條。

Sarikul

塞爾勒克 西域圖志

塞勒庫勒 西域水道記

薩雷闊勒 戈登遊記

Sarugh-chupan 亦作 Sarik-chaupon.

子合國 漢書

西夜國 同上

朱駒波國 宋雲

悉居半國 北史

朱居國 同上

朱俱波 同上

朱俱槃國 通典

Savâtthî 見 Śrâvastî 條。

Shen-shen

鄯善 漢書

禪善 竺法護密跡金剛經

Siṁhala, Siṁhaladvipa

私(斯)訶(呵)條(調)國 支僧載

師子國 佛國記

僧伽羅國 西域記

執師子國 同上

Śrâvastî 巴利語曰Sâvatthî.

舍衞城 漢安清父母恩難報經

聞物國 漢安玄法鏡經

禮維特 魏略

無物不有國 十二遊經

舍婆提城 大智度論

多有國 齊譯善見律

舍囉婆悉帝城 隋譯起世因本經

室羅伐悉底國 西域記

捨羅婆悉帝夜城 玄應音義

室羅伐國 同上

聞者城 同上

室羅筏國 華嚴音義

室羅筏悉底 同上

好道城 同上

Śubhavastu, Suvâstu, Svât, Swat. Arrian稱曰Suastos, Ptolemy稱曰Soyastos

宿呵多國 佛國記

蘇婆伐窣堵國 西域記

?西業者多 慧超

Suhma

修摩國 十童子讚

蘇摩國 同上

Śyâmâka-Raja 參看 Khara-Śyâmâka條。

奢摩褐羅闍國 慧超

Tadwa

碓國 支僧載

都維邑 佛國記

Takshaśilâ, Taxila

脊叉尸羅國 安法欽育王傳

卓叉始羅國 羅什孔雀經

竺刹尸羅國 佛國記

德叉尸羅國 宋譯因果經

紏尸羅國 水經注

呾叉始羅國 西域記

得叉尸羅國 義淨孔雀經

Tâmalitti, Tâmralipti.

擔袟國 扶南傳

多摩棃帝國 佛國記

耽摩栗底國 西域記

Termistât 參看 Wakhan 條。

達摩悉鐵帝國 西域記

Uḍḍiyâna 舊作 Udyâna.

烏秅國 漢書

烏仗國　增壹阿含

烏纏國　羅什孔雀經

烏萇國　佛國記

憂長　寶唱名僧傳

烏場國　宋雲

烏仗那國　西域記

烏長國　義淨孔雀經

鬱地引那　慧超

越底延　新唐書

Vaiśâlî, Vesâlî

維邪離國　支僧載

維耶離國　竺法護普曜經

維耶　大灌頂經

毗舍利　道安西域志

毗舍離國　增壹阿含

毗婆羅國　羅什孔雀經

毗耶離國　智猛

吠舍釐國　西域記

鞞奢隸夜城　玄應音義

薜舍離　求法高僧傳

Vârânasî 亦作Bânâras.

波羅柰國　後漢失譯大方便報恩經

(?皮)波羅柰斯國　同上

波羅奈斯　道安西域志

槃奈國　同人婆須密集序

諸佛國　十二遊經

(婆)婆羅那國　羅什孔雀經

波羅捺城　佛國記

捻國　北魏突厥寺碑

婆羅痆斯國　西域記

婆羅捺斯　玄應音義

江遶城　同上

婆羅拏斯國　不空孔雀經

Varnu

跋那國　羅什孔雀經

伐刺拏國 西域記

筏刺拏國 大毗婆沙論

跋怒國 義淨孔雀經

色城 不空孔雀經

Varusha

佛沙伏(伏沙)城 宋雲

跋虜沙 西域記

Vokkâna 參看Wakhan 條。

僕柯那國 羅什孔雀經

步迦那國 根本說一切有部毗奈耶

僕迦那國 義淨孔雀經

Vṛijjis 又稱 Samvṛijjis

弗栗恃國 西域記

三伐恃國 同上

Wakhan 亦稱 Termistât 或 Vokkâna.

呼犍谷 漢書

呼犍谷 後漢書

僕柯那國 羅什孔雀經

鉢和 宋雲

達摩悉鐵帝國 西域記

鑊侃 同上

護密 同上,參看Khulm條。

步迦拏國 根本說一切有部毗奈耶

僕迦拏國 義淨孔雀經

鑊偘 新唐書

斡罕 西域水道記

瓦罕 戈登遊記

Yamunâ 見 Jumnâ 條

Yashin, Yasin, Yashkun

休循 漢書

Yavadvipa

耶婆提國 佛國記

?(未還原)

那訶維國　支僧載

那毗伽邑　佛國記